世界哲學家叢書

魯 一 士

黃 秀 璣 著

1993

東大圖書公司印行

國立中央圖書館出版品預行編目資料

魯一士／黃秀璣著. --初版. --臺北市
：東大發行：三民總經銷，民82
面；　公分. --(世界哲學家叢書)
參考書目：面
含索引
ISBN 957-19-1492-4 (精裝)
ISBN 957-19-1493-2 (平裝)

1.魯一士 (Royce, Josiah,
1855-1916) -學識-哲學

145.49　　　　　　　　82003057

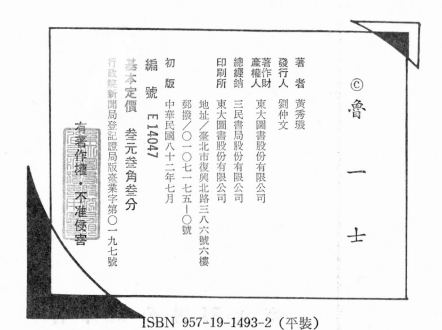

© 魯 一 士

著　　者　黃秀璣
發 行 人　劉仲文
產權作財
著作權人　東大圖書股份有限公司
總 經 銷　三民書局股份有限公司
印 刷 所　東大圖書股份有限公司
　　　　　地址／臺北市復興北路三八六號六樓
　　　　　郵撥／〇一〇七一七五―〇號
初　　版　中華民國八十二年七月
編　　號　E 14047
基本定價　叁元叁角叁分
行政院新聞局登記證局版臺業字第〇一九七號

ISBN 957-19-1493-2 (平裝)

「世界哲學家叢書」總序

　　本叢書的出版計畫原先出於三民書局董事長劉振強先生多年來的構想，曾先向政通提出，並希望我們兩人共同負責主編工作。一九八四年二月底，偉勳應邀訪問香港中文大學哲學系，三月中旬順道來臺，即與政通拜訪劉先生，在三民書局二樓辦公室商談有關叢書出版的初步計畫。我們十分贊同劉先生的構想，認為此套叢書（預計百冊以上）如能順利完成，當是學術文化出版事業的一大創舉與突破，也就當場答應劉先生的誠懇邀請，共同擔任叢書主編。兩人私下也為叢書的計畫討論多次，擬定了「撰稿細則」，以求各書可循的統一規格，尤其在內容上特別要求各書必須包括 (1) 原哲學思想家的生平；(2) 時代背景與社會環境；(3) 思想傳承與改造；(4) 思想特徵及其獨創性；(5) 歷史地位；(6) 對後世的影響（包括歷代對他的評價）；以及 (7) 思想的現代意義。

　　作為叢書主編，我們都了解到，以目前極有限的財源、人力與時間，要去完成多達三、四百冊的大規模而齊全的叢書，根本是不可能的事。光就人力一點來說，少數教授學者由於個人的某些困難（如筆債太多之類），不克參加；因此我們曾對較有餘力的簽約作者，暗示過繼續邀請他們多撰一兩本書的可能性。遺憾的是，此刻在政治上整個中國仍然處於「一分為二」的艱苦狀態，加上馬列教條的種種限制，我們不可能邀請大陸學者參與撰

寫工作。不過到目前爲止，我們已經獲得八十位以上海內外的學者精英全力支持，包括臺灣、香港、新加坡、澳洲、美國、西德與加拿大七個地區；難得的是，更包括了日本與大韓民國好多位名流學者加入叢書作者的陣容，增加不少叢書的國際光彩。韓國的國際退溪學會也在定期月刊《退溪學界消息》鄭重推薦叢書兩次，我們藉此機會表示謝意。

原則上，本叢書應該包括古今中外所有著名的哲學思想家，但是除了財源問題之外也有人才不足的實際困難。就西方哲學來說，一大半作者的專長與興趣都集中在現代哲學部門，反映着我們在近代哲學的專門人才不太充足。再就東方哲學而言，印度哲學部門很難找到適當的專家與作者；至於貫穿整個亞洲思想文化的佛教部門，在中、韓兩國的佛教思想家方面雖有十位左右的作者參加，日本佛教與印度佛教方面卻仍近乎空白。人才與作者最多的是在儒家思想家這個部門，包括中、韓、日三國的儒學發展在內，最能令人滿意。總之，我們尋找叢書作者所遭遇到的這些困難，對於我們有一學術研究的重要啟示（或不如說是警號）：我們在印度思想、日本佛教以及西方哲學方面至今仍無高度的研究成果，我們必須早日設法彌補這些方面的人才缺失，以便提高我們的學術水平。相比之下，鄰邦日本一百多年來已造就了東西方哲學幾乎每一部門的專家學者，足資借鏡，有待我們迎頭趕上。

以儒、道、佛三家爲主的中國哲學，可以說是傳統中國思想與文化的本有根基，有待我們經過一番批判的繼承與創造的發展，重新提高它在世界哲學應有的地位。爲了解決此一時代課題，我們實有必要重新比較中國哲學與（包括西方與日、韓、印

等東方國家在內的）外國哲學的優劣長短，從中設法開闢一條合乎未來中國所需求的哲學理路。我們衷心盼望，本叢書將有助於讀者對此時代課題的深切關注與反思，且有助於中外哲學之間更進一步的交流與會通。

最後，我們應該強調，中國目前雖仍處於「一分爲二」的政治局面，但是海峽兩岸的每一知識分子都應具有「文化中國」的共識共認，爲了祖國傳統思想與文化的繼往開來承擔一份責任，這也是我們主編「世界哲學家叢書」的一大旨趣。

傅偉勳　韋政通

一九八六年五月四日

敬 以 此 書

獻　　給

卜 德 教 授

PROFESSOR DERK BODDE（1909～）

筆　者　誌

自　序

　　早在五十年代，筆者對魯一士 (Josiah Royce, 西元 1855～
1916年) 的思想已很賞識，因曾經應「基督教歷代名著集成」編
輯委託，把魯氏晚年所寫的一部重要著作 *Sources of Religious
Insight* 譯爲中文本《宗教透識之路》。這部譯著於一九六一年
出版，包括在《近代理想主義》書中的第五部（「基督教歷代名
著集成」，第二部，第十四卷，頁449～653，此書已絕版；現由
臺灣聯經出版事業公司決定重行出版）。魯一士這部書的內容局
限於宗教哲學，筆者這次再應「世界哲學家叢書」編輯先生傅偉
勳教授之約，認爲有把魯一士的哲學體系做一較爲全面研究的價
值。

　　約從一八八○年至一九三○年，這段期間是所謂美國哲學
的黃金時代。幾位哲學大師，除了魯一士之外，包括詹姆士
 (William James, 西元 1842～1910 年)、朴爾士 (Charles
Peirce, 西元1839～1914年)、山他雅那 (George Santayana, 西
元1865～1952年) 和杜威 (John Dewey, 西元1859～1952年)。
魯氏是唯獨一位從理想主義的立場建造他的哲學體系。

　　魯一士一生有大量的著作，他所關涉的範圍極廣。除了傳統
的永久性哲學問題以外，他對於當前的許多有關教育，種族，國
際，心理，藝術，經濟，生態，戰爭與和平等問題，都從哲學
的角度加以分析解答。雖則他對於這些問題的答案不完全合乎目

前的情況，可是他一向採取正面積極的態度與正視當時的各種問題，這就表示他的思想之現代意義了。因各時代有其特殊的問題，必須根據當時所需要的尋求答案。

這部專論着重於魯一士哲學思想的四個主要課題，卽形而上學，知識論，倫理學，與宗教哲學；前兩課題是屬於理論的方面，後兩課題則屬於實際的方面。魯氏的這四大哲學問題分別在第二，三，四，五章闡述討論。筆者從魯一士的不同論著中挑選一些適當徵引譯爲中文，使他表白自己的意思。

魯一士生活的時代，思想潮流是傾向於去舊迎新的時代。新的學派，如實用主義，實在主義，存在主義，分析哲學等等，相繼興起。但魯氏卻單人獨馬強調傳統思想的價值，加以反省並根據當時的需要創建他畢生所擁護的理想主義。雖則他所堅持的理想主義，在他生前與死後遭受嚴厲的批評與攻擊，有趣的是，在過去幾十年代，魯一士的許多重要著作均先後重行出版，並陸續不斷有對他的哲學思想作專題研究的書籍與文章，這明顯地證明魯氏在哲學歷史上有其永久性的意義，佔着前有古人，後有來者的繼往開來之學術地位。

黃秀璣
序於美國費城琳屋園
一九九三年六月

魯一士 目次

「世界哲學家叢書」總序

自序

第一章　歷史背景……………………………………… 1

　　一、魯一士的生平和著作………………… 1

　　二、美國哲學的傳統簡史………………… 15

　　三、美國哲學的黃金時代………………… 21

第二章　魯一士的形而上學…………………… 35

　　一、歷史上的三種實有觀………………… 35

　　二、第四實有觀……………………………… 44

　　三、結語………………………………………… 58

第三章　魯一士的知識論…………………… 63

　　一、近代哲學知識論主要學派………… 63

　　二、魯一士的闡釋理論…………………… 71

　　三、結語………………………………………… 83

第四章　魯一士的倫理學 ……………………87

　　一、對傳統倫理學說的批評 …………………87

　　二、自我實現 …………………………………96

　　三、忠的哲學 …………………………………106

　　四、結語 ………………………………………119

第五章　魯一士的宗教哲學 …………………123

　　一、上帝觀 ……………………………………124

　　二、自由意志與惡的問題 ……………………132

　　三、永生問題 …………………………………143

　　四、普遍的共合體 ……………………………147

　　五、結語 ………………………………………159

第六章　魯一士與其同時代的思想家
　　　　的關係 …………………………………161

　　一、魯一士與詹姆士 …………………………161

　　二、魯一士與朴爾士 …………………………166

　　三、魯一士與山他雅那 ………………………170

　　四、魯一士與霍金 ……………………………173

　　五、總結 ………………………………………178

英文摘要 (A Summary in English) ………187

魯一士年表 ··· 205

參考書目 ··· 209

索　引 ··· 217

第一章 歷史背景

一、魯一士的生平和著作

魯一士生於一八五五年十一月十二日，在美國西部加利福尼亞州 (California) 的採礦營區名叫果士山谷 (Grass Valley)。他的父母是英國人，少時移民在美國東部紐約州 (New York)。在魯氏未出世之六年前，他的父母帶着幼女從美國東部坐牛車跋涉前往西岸採金，經過了長途旅程，終於一八五四年春天安家在這小村莊。據說，最早移居在此村的居民是一八五〇年抵達的。五年後，即魯一士出生之年，居民約三千五百人，來自不同的國家——德人、愛爾蘭人、猶太人、法人、非洲人、中國人等。這一個新的小村社使魯氏從小 就發生一種社會概念感 (the idea of the community)❶。在他未去世的前幾個月，魯氏曾在一篇有關生平回憶講話中說過：

> 我深深感覺我最深切的主旨和問題是集中在社會的概念，
> 雖則對這概念的清楚意識是逐漸地發展的。我這種強烈的
> 感覺是從幼年時和我兩位姊姊觀看我們住處的山谷，我很

---

❶ 魯一士的生平和思想詳細描述，見 *The Life and Thought of Josiah Royce*, by John Clendenning (Wisconsin: University of Wisconsin Press, 1985). 以下用中文：《魯一士的生平與思想》。

想知道那超越我們這範圍的大世界。❷

　　魯一士幼年最早的教育是在他母親於一八五四年私人所開設的小學堂。這學堂是設在魯宅由他母親當教師，以培養小學生的道德和知識爲主要目標。魯氏和大他三歲的姊姊在學問上特別接近，從她學習辯論方法，姊弟兩人常辯論，但各執其見解，遇爭吵時，他母親禁止他沉默不發言一小時爲教訓。這表明他從小會講也會寫，在八歲時他就開始描寫家庭的生活。他的父母都是虔誠的基督教徒，對於聖經的知識尤加注意。但他的父親爲謀生外出而不常在家，家庭一切均由其母親爲主。雖家庭生活頗爲和睦溫暖，魯氏在母親和姊姊們的照顧下，卻仍時有寂寞的感覺。總之，魯一士自認，他母親的剛毅堅信品格，在家庭和學堂教育上對他一生的價值感有了莫大的影響。

　　一八六六年，魯氏十一歲，他的父母決定離開果士山谷移居往加州的大城市三藩市 (San Francisco) 謀生。雖則他父親的水菓店生意收入有限，家境清寒，然而從文化和教育方面看，這次搬家對少年魯一士有了許多益處，那年六月魯氏進入有名氣的林肯初級學校 (Lincoln Grammar School)，在此校他首次接受由校內教師直接教授的傳統教育。他在這約一千多位學童之環境下，一方面使他感到這社團的廣大，在許多方面是他的新經驗。但另一方面，因他是自己描述爲一個「紅頭髮，臉有雀斑，

---

❷ 見 *Basic Writings of Josiah Royce*, 2 volumes, edited by John J. McDermott (Chicago & London: University of Chicago Press, 1969), Volume I, p. 34. 以下用中文：《魯一士的主要著作》卷 1，頁34。在本書所徵引的材料，均係筆者從英文翻譯爲中文。

鄉土氣，古怪，不能玩球」❸的人，與其他學童不大相合，而引起不快樂。十三歲時，魯氏曾經發表一篇有關林肯總統被暗殺的短篇文章，表示暗殺是一種不正當行爲，認爲這一單獨的行爲是整個社會問題的一部分。這表明他從少年就有了相當成熟的社會觀念。他在校內的集團生活方面是不如許多同學的活躍，然而他的內向性格使他能發展內在思想方面。多年之後，他曾回憶這三年的初級學校生活的訓練，使他裨益良多，並賞識當時在校的一些好友。

　　一八六九年六月，十三歲，魯一士被准許入三藩市中學。此校和林肯初級學校相似，分別各培養了一批傑出的校友。他在三藩市中學僅讀一年。在這一年之間，魯氏在學業和社交方面均有明顯的長進。他對數學的興趣和能力特別強烈，在幾天之內把整學期的功課完成。在這學年裏他結交一些有永久性友誼的朋友。

　　一八七〇年秋季，十四歲，魯一士幸運地被錄取進入柏克萊 (Berkeley) 的加利福尼亞大學 (University of California) 的預科班（這是特爲十四歲以上的中學生設備的）。課程雖與高中最後一年相等，可是教學程度比中學高上許多。魯氏在這一學年的成績優異。一八七一年秋季他正式爲加大第一年級生，主修土木工程 (civil engineering)。在第三年級的時候，他被加大公認爲一位具有優越知識的大學生。總之，在課內課外的活動，他充分地表現爲一位具有非凡的思考和寫作能力的青年。在大學校報《柏克萊安》 (Berkeleyan)，常有他發表的文章，第四年級他被選任爲這校報的編輯。

---

❸　《魯一士的主要著作》卷 1，頁33。

一八七五年夏天，魯一士完成大學學士的學位。當時正如許多美國青年於大學畢業後志在往歐洲的學術中心德國大學繼續研究至少一年一般，魯氏得到加大校長的推薦由當地幾位熱心教育的富商設置一筆貸款，於那年七月中從西部坐船取道紐約和波士頓 (Boston)。在七月十一至十五日這幾天的行程裏，由加大校長的介紹，他參觀在劍橋 (Cambridge) 的哈佛大學 (Harvard University) 圖書館，以及會見幾位有名望的知識領袖，包括哲學心理學家詹姆士 (William James，西元 1842～1910 年)，魯氏和詹氏的終身友誼是從這時候開始的。

一八七五年七月十五日，魯一士從紐約乘船往德國漢堡 (Hamburg)。他所持的無照片護照描寫得詳細：「年齡：十九歲；高度：五尺六寸半；前額：寬大；眼睛：藍色；鼻：短；口：大；下顎：圓；頭髮：紅；皮膚：鮮紅；臉形：傾向橢圓形。」❹ 他到德國後，按照原來的計畫往海德堡 (Heidelberg) 先專攻德文約三個月。然後於十月十九日在利畢芝大學 (University of Leipzig) 註冊選修五門功課：邏輯學，人類學，哲學史，德國哲學，和梵文。對這些功課，他都作了仔細的筆記。但當時歐洲的第一流形而上學家洛子 (Rudolf H. Lotze，西元 1817～1881年)，在奧古斯達大學(Georgis Augusta University) 任教，魯氏於翌年，一八七六年，四月十日離開利畢芝前往位在哥提根 (Göttingen) 的奧古斯達大學選洛子教授兩門有關形而上學和實用哲學的課。此外，他繼續研究哲學史、德國哲學、梵文，以及研讀數學和社會科學。在這十二月之間，魯氏不僅精通

---

❹　《魯一士的生平與思想》，頁69。

德文，對於哲學歷史和當代歐洲及德國哲學界的思想家都下過苦功研究。

　　一八七六年六月，魯一士獲得美國東部有名大學霍金斯（Johns Hopkins University）研究生獎學金，主修哲學。他即將原來希望在柏林（Berlin）過多的意思打消，而決定於九月回美國進霍大研究院攻讀博士學位。這所位在波提摩亞（Baltimore）的霍金斯大學在革爾曼校長（David C. Gilman，西元 1831～1908年）❺ 領導之下，新創研究所，鼓勵研究生在教和學兩方面兼顧。雖則魯氏的興趣在哲學這方面，然而當時在大學沒有專門的哲學家當教授，除了選讀古希臘哲學課之外，他偶而聽大學從外面請來講演有關哲學史和心理學的題目。第二學期，魯一士開一門有關叔本華（Arthur Schopenhauer，西元1788～1860年）的功課，並準備幾次關於康德（Immanuel Kant，西元1724～1804年）和斯賓諾莎（Benedict Spinoza，西元 1632～1677年）的演講。這種具有獨立研究的機會正是魯氏所欣賞的，把自己所學的傳授給別人。第一學年完滿地結束，魯氏利用暑假三個月往哈佛大學，一面打工維持生活，一面獲得許可在圖書館閱讀收集他的博士論文材料。但他往波士頓的主要目的是，有機會與他認爲最能了解他對哲學興趣的詹姆士謀面。這次與大他十四歲的哲學心理學家深談之後，詹氏對他抉擇走上哲學專業之路，不僅表示接受和鼓勵，並從此成爲終身摯友。雖則他們在觀點上不同，然而詹氏給他在事業的支持和在學問上的切磋，魯氏自己深感裨益非

---

❺　革爾曼，任加利福尼亞大學（西元1872～1875年）和霍金斯大學（西元 1875～1901 年）校長，對魯一士在專業上的發展有深刻的影響。

淺。九月底魯氏回霍大繼續第二學年的研究，除了講課任務外，他用大部分時間寫博士論文，題目是：「知識原則的互相倚賴：知識論基礎問題的研究」(Of the Interdependence of the Principles of Knowledge: An Investigation of the Problems of Elementary Epistemology)。他站在絕對理想主義 (absolute idealism) 的立場上，在這篇二十二歲所寫的論文開始透露出來了。一八七八年四月二日，魯氏完成他的博士論文呈交霍大由專家審閱，獲得審閱員的讚揚和批准。六月十三日，魯一士是四位榮獲霍金斯大學的博士學位者之一。無疑地，魯氏對這兩年在學問上的成就，深引為快。並且，除了在學術環上的吸引力之外，他在許多文化和社交活動也有廣大的接觸和參與。但是，為了完成最高學位後，他即將離開這兩年在霍大研究院自認為黃金時代的環境，而感到戀戀不捨。

一八七八年七月一日，經過了霍金斯大學校長革爾曼的推薦，魯一士接到他的大學母校柏克萊加大的聘請書當英語與文學助教。魯氏企望在完成博士學位後可留在霍大或在東部其他大學找一份教哲學的職位，但其宿願未能實現。七月中他接受這唯一的聘約回到他的母校加利福尼亞大學。三年前離開他生長的故鄉加州，往德國然後在美國東部的學術中心，研究他所興趣的哲學；現在又要回到非他所選擇的學府任教。八月二十日抵家與離別三年的父母姊姊們重逢。九月二日在加大報到開始他的教書工作。雖則他找到幾位曾在大學的老師友，然而在哲學方面可談的學人卻等於零。魯氏照約以大部分的時間教授英文課程，此外，他多開一些有關哲學的功課，並利用假期及空餘時間寫作。在加利福尼亞大學四年期間，發表十幾篇哲學的論文，因而開始引起

校外哲學界人士的注意和重視。

　　一八八〇年一月魯一士和海德 (Katherine Head, 她父親是三藩市的著名律師) 訂婚，十月二日結婚。一八八二年四月，生一男兒 (第二、第三兒子分別在一八八六年十二月二十五日和一八八九年五月二十六日出世)。他們兩人的戀愛史和三十六年的婚姻生活，缺少紀錄。據說，魯氏和夫人在理智和興趣上似乎相配，在學術方面彼此互助。魯氏在加利福尼亞大學的四年期間，除了成家立業之外，在教學與寫作方面也有相當的成就，但他並不認爲這個高等教育學府是他要長久居留的學術環境。

　　一八八二年春，恰好詹姆士將例假一年，他推薦魯一士往哈佛大學擔任代理講師的職位，爲期一學年。魯氏獲得這求之不得的機會，立刻接受。是年九月初帶着妻兒離開加利福尼亞，乘火車往東部的哈佛大學開始他的輝煌學術事業。在這所謂「試驗時期」的一年聘約之間，魯氏除了教所預定的心理與哲學課程以外，在第二學期他針對有關宗教在哲學的問題上作了四次公開演講，大受聽眾的歡迎。哈佛大學當局立卽連聘他兩年爲講師，這明顯地表示對魯氏的重視。一八八五年四月，三年不滿，他得到哈佛大學爲期五年的聘約，並升爲助教授。這使他感覺在哈佛大學的職業地位已是穩固了。於這幾年之間，魯氏在課內的教學，在課外的著作，以及其他學術活動，都是蒸蒸日上，在哈佛校園已被公認爲一位不可缺少的人物了。一八九二年，三十七歲，魯一士被升級任哲學系正教授。從地位方面看，他已是登峯造極；從學問方面看，他繼續孜孜不倦地著書立說。隨後十幾年，許多學術團體邀請他做公開系統的演講，並出版大量的重要論著。一九一四年，魯一士榮獲奧佛德講座教授 (Alfred Professorship)

的地位。

如上所述，魯一士一生在事業和學術上的成就甚大。但他也嚐過不少的憂苦經驗。雖則他的地位在哈佛短短三年期間已經鞏固了，可是因工作過度，加上家庭清寒，時有入不敷出之煩惱，以致精神消沉。一八八八年春，他請假半年獲准，於二月二十五日乘船往澳大利亞（Australia）和紐西蘭（New Zealand）休養，較長時間的海上旅程對他身心裨益很大，復原後於九月初返校。這使他獲得工作過度有危險性的一番教訓。此外，一九一〇年八月二十六日，魯氏多年所敬重的學術摯友詹姆士逝世，不禁深悲失去一位經常切磋琢磨的學長（詹氏和魯氏的住家是鄰居）。同年九月二十一日，魯氏住在神經病院的長兒感染傷寒症去世。生離死別，這是人生必經的憂傷。但是，最使魯氏在晚年時遭受身心莫大的折磨，就是第一次世界大戰（西元1914～1918年）的爆發。當一九一四年八月德國軍隊進入比利時（Belgium）後，他還在公開發表對於和平的言論。一九一五年五月，德國戰艦打沉陸西坦尼亞（Lusitania），他憤怒地表示德國為全人類的敵人的立場。

魯一士的生平中值得在此提起的一樁事是：一九一五年十二月二十八日至三十日，美國哲學學會（American Philosophical Association）在費城（Philadelhpia）的賓色尼亞大學（University of Pennsylvania）舉行十五屆年會的時候，大部分的大會程序是由當時一些哲學學人（包括魯氏的得意門生霍金 William E. Hocking，西元1873～1966年，杜威 John Dewey，西元 1859～1952年等）宣讀文章，慶祝魯一士六十歲。魯氏在場，對每篇讀文作簡略評價，並在二十九日的宴會上致一簡短的答辭。這些論

文於一九一六年五月份的《哲學評論》(*Philosophical Review*)
刊登。此係美國哲學學會有史以來首次一致向其會員之一表示祝
賀之敬意。

　　一九一六年春，加利福尼亞大學再次邀請魯氏回母校講學，
但他在哈佛大學的課程已早安排，乃表示遺憾不能接受。這一年
來魯氏健康已大不如前。八月底生病，臥床三星期，九月十四日
因動脈硬化，這位曾被形容像「中國古代聖賢」似的魯一士與世
長辭，享年六十一歲。

　　魯一士是一位多產的作家，其著作的範圍也很廣。他在寫作
的能力和興趣從童年時候就已顯露。當他年僅八歲，曾在一短文
描寫家裏的一隻小黑貓，每天被獨留在屋裏而想逃走，這等於示
意他在童年時候的寂寞感，雖則在少時一直受他的母親和姊姊們
的溫暖顧愛，然而他的父親經常外出，很少享受父子間關係的樂
趣。魯氏最早發表的文章是在一八六九年六月的《林肯觀察》
(*Lincoln Observer*) 登載。這在他十三歲寫的論文，批評了林肯
(Albraham Lincoln, 西元 1809～1865 年) 被暗殺是社會的一
種不正常行為。

　　魯一士的重要著作可以分為三時期:

　　第一，早年時期: 從一八六九年至一八七八年的學生時代。
除了在中學十三歲時所發表有關美國第十六任總統林肯被行刺的
事件文章外，他在加利福尼亞大學的四年期間，曾經發表三十八
篇文章。他的大學畢業論文是《論蘇弗克利士中的一段》(*On
a Passage in Sophocles*)❻。這篇論文在一八七五年六月九日
他大學畢業典禮時宣讀並在那一年六月十二日在《奧拉米達縣官

---

❻ 蘇氏是古希臘一位著名的悲劇詩人（約西元前 496～406 年）。

報》（*Alameda Country Gazzette*）登載。

一八七八年五月魯一士在霍金斯大學完成他的哲學博士學位。這部他手寫的博士原文：《知識原則的互相倚賴：知識論基礎的研究》，存在霍金斯大學圖書館，另外一份打字本存留在哈佛大學的檔案館（Harvard University Achives）。

第二，中年時期：從一八七九年至一九〇〇年是魯氏寫了大量著作和成就輝煌的時期。上面已提過，一八七八年秋季，魯一士接受唯一的聘約回到母校加利福尼亞大學任英文講師。雖這份工作與他所興趣的哲學不相符合，尤其當時在加大無任何哲學學人可互相交談切磋，然而在四年期間，除了教授英文課程此一應盡任務之外，他仍然開有關哲學的課程，並在幾種有名氣的刊物發表哲學研究論文十五篇，而在哲學界開始有點聲望。一八八一年他完成第一本書，即有關邏輯的教科書《邏輯分析入門》（*Primer of Logical Analysis*）。他聲明這部書的目的說，邏輯為一種哲學的科學，是學生研究英文所必須訓練的科學，藉以瞭解語言複雜形式的準確意義。

魯一士在學術上的成就時期是從他在一八八二年秋進哈佛大學開始的。除了發表大量的論文之外，他的重要哲學論著都是在這時期，即一八八五年至一九〇〇年之間完成的。在此僅把魯氏的重要著作列述如下：

1.《哲學的宗教方面》（*The Religious Aspect of Philosophy*）：一八八五年在波士頓和紐約的霍佛同出版社出版的（Houghton, Mifflin & Co.），魯一士這第一部哲學論著是到哈佛大學任教第二年，即一八八三年，給學生作四次有關宗教問題的講演所集成的。聽眾除了哈大學生外，包括其他學者以及霍佛同

出版社的編輯。據各方面的報導，這幾次的講課，深受聽衆的歡迎，被認爲是巨大的成功。一八八五年一月這部書問世後，詹姆士在書評評價說：「這是好久以來我看過的最新穎、最深刻、最完整、最帶有人類感情的哲學著作之一。」❼ 此書曾於一九五八年由哈爾柏出版社 (New York: Harper & Brothers) 重新出版。

2. 《加利福尼亞》(*California*)：這是魯氏對於加利福尼亞州的發展所做的歷史研究的一部書，其內容特別注意政治生活的發展史。實際上，他是應霍佛同出版社編輯之約寫這部關於加州歷史的書，但魯氏還是着重他的中心哲學思想，卽個人對於整個社會需要的反應。此書先在一八八六年出版，新版於一九四八年由克奴夫出版社 (New York: A. A. Knopf) 刊行。

3. 《近代哲學的精神》(*The Spirit of Modern Philoso-phy*)：這部書是魯一士於過去幾年在不同場合給一般聽衆的演講稿編集完成。他指明，其內容不僅是一種歷史的研究，也是表達他自己的唯心主義是從歐洲近代哲學史發展出來的。這部著作初版由霍佛同出版社在一八九二年刊印；一九六七年由娜爾同出版社 (New York: Norton) 重印；一九一〇年曾翻譯爲義大利文；一九四七年翻譯爲西班牙文。

4. 《上帝觀》(*The Conception of God*)：這部書是魯一士在一八九五年舉行的哲學聯合會宣讀的論文，闡析他的上帝是一位絕對實在的觀點，以及幾位哲學學人對他的上帝觀的評論。此書由馬克米南出版社 (New York and London: Macmillan

---

❼ *The Letters of Josiah Royce*, ed. John Clendenning (Chicago: University of Chicago Press, 1970), p. 24. 以下用中文：《魯一士書信集》，頁24。

& Co.）在一八九七年出版。

5.《善與惡的研究》(*Studies of Good and Evil*)：此書共有十三篇關於哲學與人生問題的研究； 包括約伯的問題 (the problem of Job)、善與惡的知識問題及其他。 一八九八年由亞波同出版社 (New York: D. Appleton and Co.）出版，一九六四年由亞孔書局 (Hamdon, Conn.: Archon Books) 重新刊印。

6.《世界與個人》(*The World and the Individual*)：這兩部共一千多頁的巨著是魯一士接受 基福德演講會 (Gifford Lectures) 的委任，在一八九九年一月十二日至二月一日和一九〇〇年一月往蘇格蘭的亞伯爾丁大學 (University of Aberdeen) 的兩次連續演講稿。這兩部論著的內容是魯氏對形而上學的中心問題加以系統地闡析。《世界與個人》的第一部副題爲「四種歷史實有論觀」(Four Historical Conceptions of Being)， 共分爲十講； 第二部也是十講的副題爲「自然 、人與道德秩序」(Nature, Man, and the Moral Order)。他在第一部解明所謂實在主義 (realism)、神秘主義 (mysticism) 和批判理性主義 (critical rationalism)這三種實有觀的意義和缺點，並闡述他自己的實有理論的觀點， 第四種的觀點，卽絕對理想主義 (Absolute Idealism)，因他認爲絕對實有 (absolute being) 是人心靈眞正概念的對象。在第二部魯氏把第四種的實有理論觀應用在自然世界和個別人上加以發揮。第一部初版在一八九九年，第二部初版在一九〇一年，均由馬克米南出版社刊行。這兩部著作在一九五九年由多瑪出版社 (New York: Dover Publications, Inc.）重新刊印。一九一三至一九一六年翻譯爲義大利文。

7.　《永生觀》(*The Conception of Immortality*)：這小冊是魯一士於一八九九年在哈佛大學由尹格所演講會 (Ingersoll Lecture) 安排的講稿。一九〇〇年由霍佛同出版社刊印，一九六八年由靑木出版社 (New York: Greenwood Press) 重印。

第三，晚年時期：從一九〇一年至一九一六年於他的傑作《世界與個人》間世之後，魯一士的生活和寫作逐漸衰退。但在這段期間，尤其從一九〇八至一九一三年這五年期間，魯氏仍然出版幾部重要的著作：

1.　《近代理想主義演講集》(*Lectures on Modern Idealism*)：這部書是魯一士於一九〇六年一月下旬在霍斯金大學的講稿，題目爲「康德以後理想主義的幾方面」(Aspects of Post-Kantian Idealism)。魯一士死後，此書由雅魯大學出版社 (New Haven: Yale University Press) 於一九一九年出版，並於一九六四年重行刊印。

2.　《忠的哲學》(*The Philosophy of Loyalty*)：這部書是魯氏在一九〇六至一九〇七年期間所作的多次演講所集成的，是他在倫理學的主要著作，被認爲對近代思想有持久的貢獻。此書於一九〇八年 由馬克米南 (Macmillan) 出版社刊印。一九二七年，一九四六年和一九四九年先後分別翻譯爲義大利文、法文與西班牙文。

3.　《宗教透識之路》(*The Sources of Religious Insight*)：這部書是從一九一一年一月十三至十七日，由波奧斯基金會 (Bross Foundation) 在伊利諾士州 (Illinois) 福瑞士特學院 (Lake Forest College) 所舉辦的七篇魯一士講稿。一九一二年在紐約和英國出版社分別印成一部書。此書是魯氏在哲學

與宗教上的問題上，據畢生經驗中所尋找得來的答案而寫出的晚年佳作。一九六三年由斯拐姆那圖書 (Scribner Library) 印為紙裝。一九六一年由本書筆者應「基督教歷代名著集成」之約譯為中文。

4. 《基督教的問題》(*The Problem of Christianity*)：魯一士在寫《宗教透識之路》就計畫寫一部關於基督教研究的著作。這部著作是在牛倫的曼徹斯特學院 (Manchester College) 十六次的演講稿，日期從一九一三年一月十三日至三月六日之間。前八講曾經在波士頓的洛委研究所 (Lowell Institute) 宣讀。這部論著分為兩册，第一册的副題為「基督教的人生教義」(The Christian Doctrine of Life)，第二册的副題為「真實的世界與基督教的概念」(The Real World and the Christian Ideas)。這兩册均由馬克米南 (Macmillan) 出版社於一九一三年刊印；一九六七年由亞孔書局重行出版。這是魯一士最後具有影響力的一部論著。

從一九一三年至一九一六年，魯一士健康已不如前，但除了致力於哈佛大學的教職之外，仍然繼續他的著作與發表大量的論文。

關於魯一士一生所出版的書籍和論文的詳細目錄，見馬克德摩特所編的《魯一士的主要著作》共兩册，由芝加哥大學出版社刊印，第二册為頁一一六七至一二二六。(*Basic Writings of Josiah Royce*, edited by John J. McDermott, in 2 volumes, Chicago & London: University of Chicago Press, volume 2, pp. 1167~1226.)

二、美國哲學的傳統簡史

美國的哲學歷史僅僅有三百多年而已。開始是由一批從英國移居到美國東部的新英格蘭 (New England) 的清教徒 (puritans)。這批爲尋求宗教自由的先鋒者在新大陸的殖民地區安定不久，便先後開辦學校，一六三六年在瑪州 (Massachusetts) 的劍橋設立哈佛學院 (Harvard College)，繼於一六八一年在康州 (Connecticut) 的新海文 (New Haven) 創立雅魯學院 (Yale College)。這兩所學院是美國在哲學思想上的發源地，一直到現在還是美國文化教育的中心學府。在魯一士的前兩世紀，美國哲學界可以分爲四學派：清教主義 (Puritanism)、自然哲學 (philosophy of nature)、社會和政治哲學 (social and political philosophy) 和超驗主義 (Transcendentalism)。現在把這四學派略述如下：

第一，清教主義: 清教徒脫離英國教會 (Church of England) 而接受加爾文主義 (Calvinism) 幾方面的宗教哲學原則。他們相信上帝是絕對的主宰，人因始祖亞當夏娃的犯罪，要依靠上帝的恩賜才能得救。這就是創始者法人加爾文 (John Calvin, 西元1509～1564年) 所主張的，他認爲上帝是一切萬物的中心，祂的旨意瀰漫在人和自然界之間。

在當時代表這學派的思想家之一是章因孫(Samuel Johnson, 西元 1696～1772 年)。章因孫是新辦的雅魯學院的一位傑出的校友，畢業後先在母校當教師，以後被聘爲紐約肯因學院 (King's College) 的第一任校長，即現在的哥倫比亞大學 (Columbia

University)。 他在學生 時代對英 國近代哲學思想 家的思想有了
相當 的認識， 尤其是十八世紀的理想主義 者柏克萊 （ George
Berkeley, 西元1685～1753年）更爲他所賞識而大受影響。他站在
理想主義的立場，認爲在宇宙間有一位永恒的心靈或上帝存在，
人的心靈是從這位永恒的心靈得到照亮。但他放棄加爾文主義的
所謂宿命論（pre-destination），主張人生的一切行事均由神靈所
預定。相反的，章氏強調人有自由意志，因爲若是我們的行動是
預定的，道德規律既無用處又不公道。換言之，他批評加爾文主
義者否定人爲道德整體含有行爲自由選擇權的意志。但章因孫和
其他清教徒一樣，認爲研究哲學或其他科學的主要目的，是在於
輔助宗教。

在美國哲學史開始時期比章因孫更有名望的思想家是章氏在
雅魯大學的高徒愛德華(Jonathan Edwards, 西元1703～1758年)。
愛氏曾在一七三七年當新澤西學院 （College of New Jersey)
的校長，即現在的普林斯頓大學(Princeton University)。愛德華
在十四歲就讀了英國十七世紀經驗主義的首創思想家洛克 （John
Locke, 西元 1632～1714 年） 的巨著《人類理解論》 (*An Essay
Concerning Human Understanding*)。他的哲學神學思想是落
在清教神學和洛克哲學這兩方面範圍之內，即根據他從十八世紀
經驗主義所得來的新知識去闡析加爾文主義。愛氏接受洛克的見
解,把人的心靈 (mind) 分爲兩種: 一爲理解 (understanding)，
二爲意志(will)。前者是人的感覺、思考、判斷等活動; 後者是
人的喜或怒，好或惡，稱許或否認等活動。他接受所謂普遍因果
原則，即一切事件，包括行爲選擇，都有其原因。雖則他爲加爾
文所主張的人性論，即人與生具有原罪 (original sin)， 因而行

惡是不可避免的，加以辯護；然而他強調其爭論點，認爲人的行惡是個人自己的選擇，因而應當被譴責。自由的意思是人在行爲上能夠無阻礙地實施其意志所欲的。

第二，自然哲學: 美國早期的思想傾向宗教和倫理比起自然哲學較受重視。但在十八世紀曾有哈佛學院和雅魯學院一些科學家注意到英國物理學家牛頓 (Sir Issac Newton, 西元1642～1727年)。在這世紀早期的一位牛頓信奉者是可爾登 (Cadwallader Colden, 西元 1688～1776 年)。可氏生長在愛爾蘭 (Ireland)，於一七一〇年移民定居美國東部，曾當紐約州副州長多年。他寫過幾部關於牛頓所發明的萬有引力定律 (the law of universal gravitation) 的書籍，對該定律加以解析。他試圖說明地心吸力是由於物質 (matter) 內在的三種力量: (1) 光 (light)，原先的動力；(2) 慣性 (inertia) 或抵抗力；(3) 以太 (ether)，具有傳送活動和抵抗力的彈性。可惜他所寫有關自然哲學的論著都未出版。簡言之，可氏是傾向牛頓的機械論觀點，對自然神論 (deism) 表示同情，卽認爲上帝是自然界一切的第一因 (first cause)，但祂對於宇宙的運行不加干預。雖則他不是一位具有創造性的思想家，然而對當時知識界的潮流甚爲熟識，他遺下的著作是美國初期哲學的寶貴文獻。

第三，社會和政治哲學: 在十八世紀，新的學術繼續地從歐洲大陸和英國輸入美國這新殖民地。社會和政治觀念也大受英人洛克的影響，着重個人的權利和自由。雖則在這時期一般清教徒並不否認上帝的存在，然而他們認爲人類世界的問題應該根據人人之間的彼此關係制定所謂「社會契約」(social contract)，而非依賴上帝爲主宰。換句話說，早期清教徒相信個人該服從教會

的權威，到了十八世紀的清教徒，則認為人的歷史和命運是靠着自己來創造的。社會是人民羣眾把權威讓給政府，以保障個人的生命、自由、健康和私有財產，並且人民有權利反抗暴君的無理壓迫。顯明的，這種社會和政治思潮已是俗世化了。

在這啟蒙時代的傑出代表人是生長在美國南部維吉尼亞州 (Virginia) 的傑法孫 (Thomas Jefferson, 西元1743～1826年)。傑氏是威廉和瑪利亞學院 (College of William and Mary)，美國第二所最早開辦的學院（哈佛學院第一）的畢業生。他在維州當過州長，一八〇一年被選舉為美國第三任總統。傑法孫是一位社會思想家和政治理論學家。他的思想很受英人牛頓和洛克的影響，尤其是後者的社會政治觀點。他是反對英國壓迫其殖民地的一位得力的領袖，強調宗教和言論自由為民主政策的要素。傑氏對美國民主政治的永久不朽貢獻是他所起草的美國獨立宣言 (Declaration of Independence)。他寫說：

> 我們深信這些真理是自明的：即一切人類是平等的，創造者賦給他們有某些不可剝奪的權利，包括生命、自由，和尋求快樂的權利。為着保障這些權利，在人們間設置政府，統治者的合法政權是由被統治者的同意得來的。

這段話清楚地表達傑法孫的社會和政治思想的立場。他的理想社會是建立在自由與平等的概念之基礎上，因為他確信人的天賦理性確能使其正視問題而加以解決，因而極力反抗在宗教上和政治上的任何專橫制度。傑法孫不是一位專業的哲學家，但他的社會與政治思想是代表美國十八世紀末葉的新潮流。

　　第四，超驗主義: 美國的宗教和哲學思想在十九世紀進入一新時代。首先是超驗論學派的出現。超驗哲學 (Transcendental philosophy) 這個名詞最初是由德國大哲學家康德用在他的《純粹理性批判》 (*Critique of Pure Reason*) 巨著裏。但在一八三六年，正是哈佛學院成立一百週年紀念的時候，幾位學人在波士頓組織一稱爲超驗學會 (Transcendental Club)。這幾位學者對當時流行在美國的神學和哲學思想多方面，諸如所謂舊式的教義問答 (catechism)、教條，以及制度等，均感到不滿意，而認爲在這些問題上有重新思考的必要。從反面說，他們對於加爾文主義、自然神論、唯物主義因不合時代而加以反對。從正面說，他們受了康德和康德後的理想主義所影響，而認爲需要從一種新的角度去解釋宗教和哲學的基本問題。這個超驗主義學派的主要領袖是生長在波士頓的恩默孫 (Ralph Waldo Emerson, 西元1803～1882年)。

　　恩默孫在大學四年是哈佛學院的高才生，畢業後繼續在哈佛神學院研究。恩氏一生的著作很多，被尊認爲美國前無古人的偉大作家。他不是一位專業哲學家，對於形而上學、邏輯、知識論沒有貢獻。他也不是一位倫理學家，卻是一位道德家，把善惡與是非的行爲準則在其著作有說服地表達出來。這位超驗主義者或稱近代唯心主義者覺得自己發現了人類在古時代最可崇敬的智慧是古希臘的新柏拉圖唯心主義 (Neo-Plantonic Idealism)和古代東方佛教的神秘主義 (Buddhist Mysticism)，以及近代德國從康德開始的唯心主義。因而， 恩默孫的唯心觀念是，心靈 (mind) 是唯一的實在，他把這實在也稱爲超靈 (over-soul)，卽上帝。這所謂超靈是永遠地在人類界和自然界活動着。換言之，一切人

類和自然是在不同的程度反應這超靈。恩氏把自己的心靈形容是
這超靈的活火花之一。但是，這永恒的超靈或上帝是不具有人格
性的（impersonal），而是表現在宇宙間的一切。還有，恩氏認
爲人是按照上帝的形象造成的，且是唯一賦有理性的動物。他
把理性（reason）這個概念和了解（understanding）這個概念加
以分別，前者是自動，後者帶有被動的含意。獸類僅有些了解
力，但無理性。人類除了有了解力之外，具有理性，他的思維
（thinking）就是理性的活動。恩氏也確信，每一個人都賦有一
種他所謂精神的直覺（spiritual intuition）。這種精神直覺能
力，不僅限於一些所謂選民（elect）好像愛德華所主張的，使每
人都能够辨別是非。因而，每人應該按照這種天賦能力從他私人
的心靈最深處去尋求普遍的眞理。恩氏這種看法正配合十九世紀
初的民主思潮。在他的〈自然〉篇中，他說：

> 站在這空地面上，我的頭在快活的空氣中沐浴，而向無限
> 的空間擡舉──一切卑鄙自私均消滅。我變成一顆透明的
> 眼球；我算不了什麼；我看見一切；這普遍實在運行通過
> 我而傳播；我是上帝的一部分。❽

恩默孫這句話所含蓄的神秘主義與中國先秦亞聖孟子（軻，西元
前約372～279年）的名句：「萬物皆備於我矣」❾的神秘主義含
意是多麼相近。簡言之，恩氏的中心思想是着重在美國的實際生

---

❽ 見 "Nature", I, 10。
❾ 《孟子·盡心上》，Ⅶ上4。

活上，對於以後的實用主義 (Pragmatism)，尤其詹姆士和杜威這兩位實用主義思想家有大的影響。

三、美國哲學的黃金時代

　　魯一士生活的時代被稱爲美國哲學的黃金時代，約從一八八〇年至一九三〇年期間。在這段時期標誌美國的哲學思想已從起始的階段進入成熟的階段，一羣傑出的思想家代表著美國哲學的精神。這幾位大思想家，除了魯一士之外，與他同時代的是朴爾士 (Charles S. Peirce, 西元1839～1914年)、詹姆士 (William James, 西元1842～1910年)、山他雅那 (George Santayana, 西元1863～1952年)，和杜威 (John Dewey, 西元 1859～1952 年):

　　1. 朴爾士是實用主義——西方唯一在美國產生的哲學學派——的創始人。他生長在美國東部的劍橋，父親是一位著名的數學和天文學家，在哈佛當教授。朴氏於一八三九年生。二十歲時在哈佛大學完成他的學士學位。他是一位富有天才的邏輯學家、數學家、物理學家。因他秉性古怪，生前未曾有一長久性的職業，也未曾完成可出版的書籍。他所寫的大量文章，在世時被美國哲學界所忽視，直到他死後二十多年，美國科學哲學家、數學家才發現這位天才，並把朴氏的著作編輯成爲八卷的文集 (Collected Papers of Charles Sanders Peirce, 1931～1935, in 8 volumes)。

　　朴氏年輕時寫了一篇文章，題目是〈怎樣使我們的觀念能够清楚?〉(How To Make Our Ideas Clear?)，在一八七八年的《大眾科學月刊》(*Popular Science Monthly*) 發表。在這篇

文章他明確地表白實用主義的觀點，雖則他所創作這學派的名詞是在他以後的寫作才提出。實際上，朴氏採用康德在《道德的形而上學》(*Metaphysic of Morals*) 這小冊所提的「實用」(pragmatic) 這名詞去發揮他自己的見解。那麼，如何使概念清楚呢? 朴氏的看法是，一個概念是否清楚而有意義是憑着它能否帶來實際的效果，並且其效果是可以證實的; 反言之，任何概念不能被證實是不清楚也無意義。也就是說，他認為一個清楚的概念必得是一種行動的規律 (a rule of action)，也是一種習慣 (habit)，因為它能够產生某種效果，比如一行人看見街上的紅燈，他的概念或習慣提示應立刻止步。雖然有許許多多的抽象概念不能直接感察，如重量 (weight)，可是任何物件在空間都隨着地心吸力原則而下降，這個重量概念是清楚有意義的。至於其他抽象概念，如上帝存在以及類似的問題，朴氏認為這些都是超過科學與邏輯的理論，屬於本能和情緒的範圍了。因而我們在思維上的疑惑必需以概念在行動上所產生的可信結果去求解答。簡言之，據朴爾士的實在主義觀，要確定一個可相信的概念，必需考慮它能够產生何種效果，這些效果便造成其完整意義❿。

朴爾士對實用理論所着重的三主要論點成為現在研究科學哲學的學者所重視，且這三要點可說是他的科學理論的三個「主義」: 其一，**假設主義** (Hypotheticalism)，意思是，任何簡單陳述都要用假設的方式作為發現實用意義的初步; 其二，**操施主義** (Operationalism)，即用假設與人的操作聯繫在一起，也就是

---

❿　見 Charles S. Peirce, *Collected Papers*, ed. C. Hartshorne and P. Weiss (Cambridge: Harvard University Press, 1931〜1935), V. 9.

試驗者所做的；其三，**試驗主義** (Experimentalism)，卽把所試驗過的與所觀察的並提。換句話說，這三步驟首先假定某種東西是沉重的，繼由試驗者把所假定的執行了，最後的結論是那種東西已是試驗過了。朴氏認爲，這三步驟在各方面的科學方法上能夠作出一種有意義的解釋。科學所以有意義，是它從這三步驟證實出來，而非由抽象的理想得來的。簡言之，據朴氏的見解，科學哲學有兩種結果：第一，任何觀念或陳述的意義要與上面所提的三要點相符合；第二，如果兩個概念有相同的效用，無論其他方面是否相同，也同樣地有意義，因爲它們能够產生同樣的效果。好比一旅遊者要往某地方，他有幾種方法，乘飛機、坐船、開汽車等，雖然方法不同，速度有異，卻有同樣的意義，卽都能達到目的地。總言之，朴爾士的哲學思想是着重在邏輯和科學方面，對於哲學的其他方面，如倫理學、宗教哲學、形而上學等，缺少興趣，因爲這幾方面的內容是在他對有無意義所下的定義範圍之外。

有趣的是，魯一士對這位比他年齡大十六歲的科學哲學家朴爾士的學識深爲欽佩。雖則他們的哲學觀點彼此不一致，朴氏是實用主義者，魯氏是絕對唯心（理想）主義者，然而他們彼此賞識和尊重。實際上，他們在書信上交換意見，魯氏也表示在邏輯方面從朴氏獲益不少。一八九五年三月十一日，魯氏曾以身任哈佛學院哲學系主任的資格，寫信向校長推薦朴氏教一門有關宇宙論的課，信中說：

> ……朴爾士在宇宙論……是一位有非凡的學識和研究的學者。其新穎的觀點和廣度的知識，在全國沒有任何人（除

了詹姆士之外）能與他相比。這在他發表的文獻已證明
了。……雖則因他的性格，有不同的異議反對他來〔哈
大〕，在這點上我不能作判斷，我只曉得他在宇宙論這特
殊方面是具有特別的才能……。⓫

從上面魯氏信中這段話可以想像這兩位在美國哲學黃金時代的傑
出思想家在學術上的互相關係。魯氏對朴爾士的評價將在第六章
提述。

2. 詹姆士少朴爾士三歲。一八六一年他們是哈佛學院化學
系的同班學生，以後兩位都是代表當時的科學精神。但朴氏的學
術興趣是着重在數學和邏輯學，詹氏卻偏向生物學、生理學和心
理學。詹氏對朴氏所提倡實用主義這個名詞極為稱讚，並認為它
是能解決當時在科學與宗教這兩方面上互相衝突的唯一方法。因
而，在詹姆士的哲學論著中把實用主義的理論加以擴充闡釋。

詹氏於一八四二年生在紐約市。父親是一位開明的神學家，
在社會文化方面的交遊很廣。生長在這種優雅家庭的環境之下，
詹姆士從小就養成一種獨立自主的思想性格。一八六一年進哈佛
學院化學系，一八六四年主修醫科。嗣後幾年，他曾往歐洲（尤其
德國）研究試驗生理學，一八六九年回哈佛完成醫科學位。因健
康關係他用幾年工夫養病。從一八七三年開始在母校哈佛大學任
教，先是教生理學，兩年後教心理學，一八七九年改教哲學，可見
他的學術興趣終於轉移到哲學這一部門。一八九〇年詹氏出版兩
部心理學的著作《心理學原理》(*Principles of Psychology*)，

⓫ 見《魯一士書信集》，頁 332。魯一士的推薦未得准，這門自然
哲學的功課就由他自己教。

這兩部書問世之後他就成名了。可是他對心理學，就像他早年對
醫學一樣，也不滿意。在五十歲左右時他開始研究哲學，以後
他的著作都是有關哲學的問題。詹氏曾經在一九〇一，一九〇
七，和一九〇八年分別作三次的連續演講，這些講稿成爲他三部
主要著作：《宗教經驗的種種》(*The Varieties of Religious
Experience*)；《實用主義》(*Pragmatism*)；《多元的宇宙》
(*Pluralistic Universe*)。

　　詹姆士的哲學中心是在眞理(truth)這個概念。眞理是什麼？
他把這個概念分爲兩種：第一，**科學眞理** (scientific truth)：這
種眞理是可以從經驗獲得證據。在這點上，詹氏同意朴爾士的觀
點，即任何概念要有公開的證據 (public evidence) 才有意義。
因而，朴氏認爲其他不能從公開證據的概念都無意義。詹姆士卻
進一步從超過科學眞理的角度去解析一個從古至今人們所關切的
問題，即第二，**宗教眞理** (religious truth)：詹氏是從一宗教環
境中培養出來的，在青年時期研究科學，他的文化背景使他認清
當時西方思想界的兩相衝突的思潮，一方面是科學的日新月異地
發展，另一方面是宗教在現時代的價值問題。科學的基本重點是
事實 (fact)，宗教卻着重價值 (value)。除了這兩方面的衝突問
題之外，還有宗教內部的各種分門別類的教派，因而所謂宗教眞理
因不同教派的不同觀點而發生爭論。詹姆士對宗教眞理的闡釋與
他的實用主義觀完全相符。眞理是什麼？他在一名句的回答是：
「任何概念能發生效用，就是眞理；任何概念是眞正的，就能發
生效用。」(Whatever works is true, whatever is true works.)
就是說：這兩個名詞，眞理和能發生效用 (workability) 是一樣
的。詹氏是一位心理學家也是一位科學家。從科學眞理方面說，

它要有普遍公開的證據。 但宗教眞理是不能以科學的方法去證實，因爲宗教是個人的信仰問題，只能以個人內在的自證 (self-evidence)， 卽在個人的心理和情緒上能否發生效用。 那麼， 上帝是否存在這個問題， 科學不能證明祂是存在， 但科學也不能證明祂不存在。上帝存在與否完全憑靠每一個人自己的經驗和信仰。好比說，一個人相信上帝的存在而在他的生活上發生效用，那麼上帝存在的信仰就是眞理，反言之，假如另一個認爲上帝存在與否對他的生活不發生任何效用，那麼，以他看來，上帝並不存在。事實上，這個問題並非他的問題。詹姆士對宗教眞理的解釋，是爲着解決科學與宗教這兩方面的衝突，同時也解決宗教內部不同教派的糾紛。 簡言之， 詹氏對於眞理這個概念在宗教眞理上的創新理論， 是爲應付美國人的需要， 強調個人的自由意志。明顯的，詹姆士是一位多元論者，與歐洲傳統，尤其黑格爾 (Georg W. F. Hegel, 西元 1770～1831年) 的一元論相對立，他的哲學可以稱爲個人實用主義 (Individual Pragmatism)。

魯一士小詹姆士十三歲，這兩位思想家初次謀面是在一八七五年夏天，當時魯氏於大學畢業後將往歐洲德國留學取道美國東部。魯氏早年卽賞識詹氏在心理哲學上的聲望。詹氏這次與魯氏相會也有良好的印象，而對這位年輕學者甚爲重視，於一八八二年由詹氏的推薦，魯一士終於達到宿願被邀往哈佛大學任教。他們兩位一直保持誠摯的友誼，雖則在哲學觀點上顯然不同，詹氏強調實用主義，魯氏主張理想主義。事實上，在這所謂美國哲學黃金時代的幾位思想家，詹姆士是魯一士最親近的朋友。當詹氏於一九一〇年八月二十六日逝世，魯氏於一個月後休假歸來，聞此噩訊，震驚之至。在他書桌上有好幾封不同新聞處的要求信，

等着他寫悼文。他給一編輯者回信的一段話說:

> 對這些不同的要求……我一時不知道怎樣表白我對他〔詹
> 姆士〕的感覺，以應讀者的需要……我這位朋友太珍貴
> 了，他的死訊太突然了，此事件還太快了，使我難以適當
> 的辭語表達……以後我擬寫一篇對他的評價文章。現在我
> 必須等一等……並因不能答應你們的要求表示歉意。**⑫**

這段話表明魯一士與詹姆士兩人之間的親切關係，詹氏對魯氏哲
學的評價，將在第六章陳述。

　　3. 山他雅那是詹姆士和魯一士在哈佛大學的學生。他一八
六三年出生在西班牙，小時父母離婚，母親移居美國波士頓城。
他八歲離開西班牙到波士頓與母親同住。他進一拉丁學校受教
育，以後上哈佛大學。一八八六年大學畢業，往德國繼續研究兩
年，再返哈大攻讀學位。他的博士論文《洛子》是在魯一士指導
之下寫的。博士學位完成後，即被聘在母校哈大任教。雖則他少
年和青年教育時是在美國，可是他對這新興國家的生活態度並不
欣賞。一九一二年山他雅那得到一份遺產，即離開哈佛大學，先
往英國，後往巴黎，一九二五年遷往定居羅馬，直到他逝世，即
一九五二年，享年八十九歲。

　　無疑問的，山他雅那是在美國哲學黃金時代的一位傑出的思
想家和文人。他的文學藝術天才在他所寫有關多方面的哲學問題

---

⑫　見《魯一士書信集》，頁543。魯一士於一九一一年六月二十九日
　　在哈佛大學一學會宣讀他的文章〈哲學家——詹姆士〉(James as
　　a Philosopher)，並在《科學雜誌》(*Science*, 34, 1911) 登載。

的大量論著充分地表現。山氏的處女作《美感》（*The Sense of Beauty*）是他哈佛大學所教美學這門功課的講稿，並在一八九六年問世。這是在美國產生第一部有關美學的論著，直到如今還是在美國大學學習美學的一重要課本。美是什麼？山氏的定義是：美是一種有關外物特質的愉快（beauty is a pleasure regarded as the quality of a thing）。這觀點是把個人的主觀快感客觀化了（objectification of pleasure）。好比一個人認爲他的情人是美而感到愉悅，其快感越深，她越美，雖則在別人眼中她並不美。這就像中國通俗所謂「情人眼裏出西施」的意味。據山他雅那的觀點，藝術是一種愉快的工具（art is an instrument of pleasure），代表西方一種學派，即所謂美學享樂主義（aesthetic hedonism）。他把美與道德這兩範疇分開，認爲道德所關切的是反面或消極的價值，教人避免惡的行爲。美所關切的是價值本身，因而是正面的和內在的，美術的最高理想不是惡或善，乃是美。比如一幅畫描寫惡的行爲，這是道德所應避免的。但從美學方面看，這幅圖畫所描寫的是否是善或惡，並非一個問題，問題是它是否給觀看者發生快感。

　　山他雅那的第二部哲學論著《理性的生活》（*The Life of Reason*）分爲五卷，是在一九〇五至一九〇六年出版。這五卷的分題是：「理性在普通常識」（Reason in Common Sense）、「理性在社會」（Reason in Society）、「理性在宗教」（Reason in Religion）、「理性在藝術」（Reason in Art）、「理性在科學」（Reason in Science）。山氏在這部巨著的中心思想是：人類的拯救是在於發展其理解力和想像力，以實際地應付環境及協調個人與社會的生活。他強調說：「在自然世界和人的理想中，除

了那些與行動有關的事物之外，沒有什麼所謂固定或興趣的事物可思考。」⑬ 這句話含着他的自然主義觀點，明確地在美國哲學黃金時代期間代表另一新的學派。換句話說，山氏對於當時知識界思潮的所謂「紳士風度傳統」(genteel tradition) 是不能接受，雖則他多少受了老師詹姆士的實用主義觀和魯一士的辯證技術的影響。他離開美國之後所寫更爲成熟的大量論著仍然保持他的自然主義和實在主義哲學立場，卽主張自然世界是獨立存在，不依靠心靈而存在的立場。

魯一士於一八八二年秋季開始在哈佛學院任教，山他雅那是哈大的第一年級學生。他們兩位共有三十年的關係，先是師生，繼爲同事。魯氏早對山氏這位門生的非凡才能甚爲重視。當山氏於博士學位完成之後被聘留在母校哲學系任教，做了七年的講師後，曾因哈大不給他升級而擬辭職。魯一士當時是哲學系主任，立卽推薦山氏升爲助教授，在一八九八年一月給校長的信說：

> 假如在〔經濟〕許可之下，山他雅那博士在下學年，不單要留職，並應當升爲助教授……他的書〔《美感》〕極受讀者的歡迎……我覺得他不會再留校當講師之職。以其服務的年數及其特長……是他應立刻得到升級的憑據……。⑭

山氏於一八九八年五月被升爲哲學助教授。山他雅那在魯氏教導之下讀過好幾門功課，但對老師的哲學觀點未感興趣。終於一九

---

⑬ *The Life of Reason*, by George Santayana（西元 1905~1906年）V. 5, p. 319.

⑭ 見《魯一士書信集》，頁 363~364。

一二年從這個美國哲學黃金時代的中心地區提早退休，往他所喜歡的英國去，專心一志著書寫作，發揮他的哲學體系，在以後四十年期間，產生大量的論著。總言之，山他雅那站在自然主義的立場，反對魯一士所代表的美國超自然主義或有神主義的傳統。

4. 杜威是美國哲學黃金時代的最後一位傑出思想家。杜威生於一八五九年，只少魯一士四歲。但魯氏及朴爾士與詹姆士都分別在一九一六、一九一四和一九一〇年去世。杜威大山他雅那四歲。但山氏於一九一二年離開美國，其在美國哲學界的影響力因而減少。杜威活到九十二歲高齡，於一九五二年（與山他雅那同一年）過世，所以成為美國哲學界在二十世紀最有影響力的代表。

杜威生長在美國東北部的佛摩德（Vermont）州，他從小就喜歡閱讀，在學校是一位好學而非高材的學生。一八七五年進佛摩德大學主修哲學，畢業後在中學教書，早年時的生活相當平淡。一八八二進霍金斯大學攻讀博士學位，在那兩年之間讀過朴爾士兩門邏輯的功課，但不感興趣。嗣後先於一八八四年至一八九四年在密西根大學任教，一八九四年秋應芝加哥大學之聘任哲學系系主任。因與芝大行政人員意見不和，杜威於一九〇四應聘到哥倫比亞大學哲學系，一直到一九三〇年退休為止。退休後繼續產生大量有關哲學、教育、社會、政治以及其他多方面的論著。當他六十歲時，卽一九一九年，曾應邀請往日本東京、中國北京和南京講學。他最流行的哲學論著《哲學的重建》（*Reconstruction of Philosophy*），是東京帝國大學的講稿，並在一九二〇年問世。

在早年時期，杜威的哲學思想是傾向黑格爾的理想主義。以

後對朴爾士和詹姆士所主張的實用主義有了強烈的興趣，尤其讀
過詹氏的《心理學原理》這兩部書之後，即放棄理想主義，而轉
向在行爲和自然的角度着重人的智力的研究。從一方面看，杜威
正如詹姆士、魯一士這些思想家一樣，認爲哲學應當關切普通人
的問題；從另一方面看，他反抗傳統各種超自然主義的形而上學
和知識論觀點。杜威認爲哲學是一種方法，去解決個人生活以及
社會政治上所遇到的嚴重衝突和問題。然而，過去傳統的思想家
卻偏重在知識本身是什麼(what is knowledge?)以及知識的來源
是什麼？事實上，從實用主義的觀點，知識是從經驗得來的。並
且最重要的問題是，知識爲了什麼？(what for?)？杜威強調知識
是一種工具，喜歡把他自己的觀點稱爲工具主義 (Instrumental-
ism)。還有，雖則杜威同意詹姆士以實用主義方法去解決個人的
宗教信仰和道德問題，杜威卻着重在社會方面的實用主義；就是
說，社會不僅是個人而已，它包括人與人之間的關係。在價值論
上，杜威也把過去傳統的所謂人生最高的理想或至善推翻。他認
爲，沒有所謂固定永恒的至善。一個人在生命中有許多目標，這
些目標都要每人在當時採取某種行動而定的。比如一個人患病，
他的目前目標是恢復健康，一旦健康復原，他的目標或道德責任
成爲另一種的需要。簡言之，杜威的倫理價值觀是，道德不是一
套行爲的規矩、或藥方、或食譜；道德是爲應付、研討、設計某
種特殊問題解答的需要，這是一種科學的方法，去探討困難問題
所在，以獲得處理問題的假定。因而，假如有所謂高尙的道德目
標，他認爲是長進、改善和進步。杜威的道德觀也稱爲社會向善
論 (Meliorism)。因而，他認爲，一位哲學家的任務是鼓勵人們
運用其智力去解決宗教與科學、自由與制度等的衝突問題。

上面對杜威的簡略介紹，指明他與魯一士在個人與學術的距離。杜氏自從放棄早年所受黑格爾的理性理想主義之後，對於傾向這觀點的哲學，包括魯一士的絕對理想主義，均加以批評。他認爲當前的哲學問題，不是修改理想主義的問題，而是哲學重建的問題。因而，杜氏在二十年代以後──卽魯一士過世以後──的大量論著，對當時的教育、科學、社會、經濟、政治、宗教等問題廣泛地加以闡述，並強調哲學是人類活動之一，但與其他文化方面有密切的關係。總之，在美國哲學黃金時代的末期，杜威是唯一還活着的傑出思想家，其思想直到如今發生巨大的影響。雖則杜氏的哲學立場與上列幾位思想家在多方面不十分一致，可是在哲學本身的任務上，比起他死後一批美國新進的現代哲學學人的思想還是較爲相近。

在美國哲學黃金時代，不能忽視的一位突出哲學家是英人懷特海(Alfred N. Whitehead, 西元 1861～1947年)。懷氏出生於英國。大學進劍橋的三一學院(Trinity College)。他最早的著作是在一九一〇至一九一三年和他的高徒羅素(Bertrand A. W. Russell, 西元 1872～1970 年) 合寫的巨著: 《數學的原理》(*Principia Mathematica*)，闡述數學的邏輯基礎。中年時代移往牛津大學任教，在這期間他的著作轉向科學哲學方面。一九二四年，六十三歲，懷氏應哈佛大學之聘當哲學教授，到一九三七年七十五歲退休。他在美國這一段期間，其著作着重於形而上學。當一九二九年他年已六十八歲，他的最成熟、最結晶的形而上學傑作《歷程與實在》(*Process and Reality*) 問世。簡言之，懷氏在美國哲學黃金時代的二十年期間，他以其富有創造性的見識，給了這新興國家的學術界巨大貢獻，尤其在科學哲學和形而上學。

懷特海在哈佛大學的時候，魯一士已經去世八年了，他對魯氏的論著是否熟識，無何憑據。無疑的，這兩位思想家都強調形而上學的重要性。但是魯氏的理想（唯心）主義觀使他對科學不加重視。懷特海是一位物理學和數學家並具有創造性的思考力，在他晚期的著作試圖把科學的權威和哲學的深度加以綜合，他認爲哲學的任務是去解釋科學的性質與它在現代生活和思想上的地位。懷氏的哲學觀點被稱爲歷程哲學（process philosophy），也稱爲生機哲學（philosophy of organism）。意思是，自然界是一種歷程，哲學的目的是探究宇宙的模型（pattern），在自然界包括一切事物（events），不停滯地往前流動，並不斷地創造新穎的事物。因而，他放棄傳統哲學觀點把自然界分爲兩相對立的所謂物質（matter）與心靈（mind），而傾向實在主義的立場。簡言之，懷氏的宇宙論觀是把物質和心靈這兩個概念總合起來。他的歷程哲學與中國思想傳統的所謂「生生不息」的含意相近。雖則懷氏是一位形而上理論學家，充分地在其巨著《歷程和實在》表明，然而他也重視這種歷程或生機哲學觀是爲應用在實際生活上的基礎。一九二九年他在另一部較爲普遍性的書《教育的目的》(*The Aim of Education*)，把生機哲學觀在知識或教育的四重目標解述有如一條四股的繩子：(1) **生的過程**(living process)；(2) **活的效用** (living utility)；(3) **活的韻律** (living rhythm)；(4) **活的特質** (living quality)。懷氏這種說法正與當時美國已經流行的實用主義思潮相符合。無疑的，懷特海這位於晚年時到美國的英國思想家，在現代哲學思想上產生巨大的影響。

上面所概略介紹在美國哲學黃金時代的幾位重要的思想家，藉供讀者鳥瞰魯一士生活時代的思想背景。自從第二次世界大戰

以來，美國哲學思想進入另一時代。在這幾十年期間，除了美國本色——實用主義繼續地發展之外，明顯地統領哲學學派是所謂的分析哲學 (analytical philosophy)，着重在日常語言方面的解析及其應用到其他哲學各部門。但這時代不在本書範圍之內。

第二章　魯一士的形而上學

一、歷史上的三種實有觀

形而上學是魯一士哲學思想的中心。雖則他生長在一個宗教濃厚的家庭環境，小時候深受他那位虔誠的基督徒母親思想的莫大影響；可是，他在宗教上的許多難解問題，使他在青年學生時代就走向哲學這條知識之路尋求解答。

在西方哲學史，大部分的哲學家都從形而上學(metaphysics)或本體論 (ontology) 建立一種哲學體系的起點。柏拉圖(Plato, 西元前 427~347 年) 的傑作 《理想國》(*Republic*) 對話篇是着重在形而上學的兩重分別，卽理智世界 (intelligible world) 和物質世界 (world of physical objects)；亞里斯多德 (Aristotle, 西元前 384~322 年) 在這課題上的巨著 《形而上學》 (*Metaphysics*)，並把這個名詞解釋爲實有本身的科學 (the science of being as such)，也稱爲第一原理 (first principle)；康德 (Immanuel Kant, 西元 1724~1804年) 的哲學批評論著第一部 《純粹理性批判》 (*Critique of Pure Reason*) 是闡述自體世界 (noumenal world) 和現象世界 (phenomenal world) 的不同。雖則他們各人所主張的觀點不相同，然而他們所關切的都是對於超現象世界的存在及其性質等問題。

同樣地，魯一士也認爲形而上學是哲學的中心問題。他所提

出的這個中心問題是： 如何證明在宇宙間存在的 所謂絕對實有
（absolute being） 不僅僅是眞實的 （actual） 而且是必要的
（necessary）。 這個雙層的問題在西方 的傳統有了兩種的答案:
第一是猶太基督教傳統 （Judeo-Christian tradition）， 卽上帝或
絕對實有的確實存在是憑靠信仰 （faith）。 因而歷代的眾多信徒
認爲絕對 實在的存在 並非問題； 第二是希臘 哲學傳統 （Greek
philosophical tradition）， 卽所謂永恆或絕對實有的存在是可以
用理性（reason）加此證明。 有趣的是， 在十三世紀的基督教大哲
人聖托馬斯 （St. Thomas Aquinas, 西元1225～1274 年） 曾經把
這兩傳統綜合起來。托氏認爲眞理可分爲兩種， 卽所謂**信仰的眞
理** （the truth of faith） 與**理性的眞理** （the truth of reason），
並強調上帝的存在可由人的理性去證明， 這就是他所闡析的五種
「證據」 （proofs）。上帝是宇宙的第一動力 （first motion）、
第一起因 （first cause）、第一必要 （first necessity）， 祂是至善
（the best） 與第一設計者 （first designer）。前三種是從宇宙原
始必須有第一動力、 起因和必要性的宇宙論論證 （cosmological
argument） 去證明上帝的存在； 第四種是從道德論論證 （moral
argument） 去證明上帝爲最高至善的標準； 第五種是從目的論論
證 （teleological argument） 去證明宇宙間一切均由第一設計者
所造成。這五種 「證據」 是聖托馬斯對於理性的眞理之闡釋。但
是， 托氏是一位虔誠的基督教徒， 他認爲在神學上有許多問題，
如像三位一體的問題、 復活的問題等， 是不能以理性解釋只能憑
靠信仰。這就是他所謂信仰的眞理。聖托馬斯對於上帝存在這種
觀點曾經引起後進許多哲學家和神學家的強烈爭論。
　　魯一士對於上帝存在這個問題在西方這兩種傳統分別給予的

答案都不滿意。因而，他的形而上學對一些歷史上的主要學派加以批評，並在另一方面創造他自己的體系。

前面已提過，魯一士的傑作《世界與個人》第一部的副題是「四種歷史上的實有觀」（four historical conceptions of being）。「實有」（being）❶是西方哲學史上最重要的形而上名詞。魯氏企圖把傳統哲學和近代哲學幾種實有觀總合起來。雖則他傾向折衷主義（eclecticism），然而他富有想像力的形而上學系統是經過精細的邏輯分析而造成的。因而，許多已往似乎不適合時代的思想，由他重新建造給以新穎的解說，他認爲已往的思想不完全是過時的，而是包含着作爲未來指南的貢獻。魯氏說：「忠實於歷史是創造的智慧之開端。」❷這句話清楚地指明歷史在魯一士哲學的重要性。

魯一士在《世界與個人》第一部書中對四種歷史上的實有觀念作很詳細的分析和評論。這四種觀念是：第一，實在主義（Realism）的實有觀；第二，神秘主義（Mysticism）的實有觀；第三，批判理性主義（Critical Rationalism）的實有觀；第四，絕對理想（或唯心）主義（Absolute Idealism）的實有觀，這第四種的觀念是魯氏所主張的。現在把魯氏對這四種實有觀的看法一一略述如下：

第一實有觀：從實在主義的立場，實有是獨立的（to be is to be independent）。實在主義這個名詞早先是在西方哲學史中

---

❶ "being" 這個英文形而上名詞曾經譯爲「有」、「實在」、「存有」等，筆者把它譯爲「實有」較適合魯一士的理論。

❷ *The Spirit of Modern Philosophy* (Boston & New York: Houghton, Mifflin, 1892), p. viii. 以下用中文：《近代哲學的精神》，頁 viii。

世紀時代，代表一種理論與另一所謂唯名主義（Nominalism）的
理論互相對立。按照實在主義的立場，一切普遍或抽象的概念
（universals），如眞、美、善、正義等，都是實在的，也客觀存
在。相反的，唯名主義的主張是，凡是普遍或抽象的概念僅僅是
名詞而已，無客觀存在，唯獨有確實的特殊事物（particulars），
才是實實在在的。近代實在主義所強調的是，外在事物是獨立存
在，不依靠人的感官經驗而存在。這種立場是站在反對唯心主義
的立場，主張外在事物的存在必須依靠人的意識和知識，而無獨
立的存在性。

現在問題的重點是外在事物（objects）與人的思維（thought），
或實在（reality）和概念（idea）的關係問題了。魯一士對實在主
義的評價是：這種理論認爲外在一切事物有絕對獨立性，因而與
人的思維毫不相干。他說：

> 確眞的實有（real beings）都是邏輯地彼此獨立，無共同
> 的特徵，無任何聯結，無眞正的關係；它們彼此間受着不
> 可通行的鴻溝所分裂；……它們不在同一空間，不在同一
> 時間，也不在同一自然或精神的次序。❸

魯一士又說：

> 簡言之，一致的實在主義所關係的領域，旣不是單數的領

---

❸　*The World and the Individual*, 2 vols (New York: Mac-
millan, Vol. I, 1899, Vol. II, 1901), I, pp. 131~132. 以下
用中文：《世界與個人》，卷 1，頁 131~132。

域，又不是多數的領域，而是絕對空無的領域……一致的
實在主義者僅僅記得，他的概念的存在是由他自己的假
設；他對一切事物的存在都不依靠他的概念；……並且，
兩種實有……也一概無內在的聯繫，也不可能由外在的契
合而發生聯繫……他的理論是一種概念，同時也是一種獨
立的實體，與任何其他的實體以及實在的世界，無任何關
係。❹

這兩段引語指明魯一士對於實在主義的批判。據魯氏的看法，實
在主義所強調的「實有是獨立的」這形而上的理論，是把世界一
切事物視爲各自獨立，彼此之間不能發生關係，並無任何共同的
特質可言；因而，這僅僅是一種多元論 (Pluralism)。還有，魯
一士從其理想主義的立場看，實在主義的本體論點不能滿足人在
精神生活的需求，因爲它所關涉的是外在的世界，而忽視價值方
面這領域，並且在惡這個問題上不能給予合理的答案。魯氏的批
判是那些同情實在主義的學者所難以接受的。

　　魯一士對實在主義實有觀的評價，曾經於二十世紀初由在英
美的一批新實在主義思想家加以解答和批評，這現代實在主義是
站在反對理想主義的立場，將在下面第六章討論。

　　第二實有觀：從神秘主義的立場，實有是直接經驗的 (to
be is to be immediately experienced)。

　　在東西哲學史上，神秘主義這一名詞是很普遍，雖則有多種
不同的意義。從宗教方面說，所謂神秘主義是指人與神或上帝直

---

❹　《世界與個人》卷 1，頁 137。

接關係的意識。從哲學方面看，大體是指一種哲學觀——認爲個人與宇宙萬物合而爲一。好像中國先秦大思想家孟子的哲學含卽有神秘主義的傾向，從他所說的名句爲證：「萬物皆備與我矣。」❺ 這句話的含意是，孟子認爲宇宙間的萬物與人成爲一體。換言之，所謂神秘論是把外在的事物與人的心靈發生了內在的關係。南宋陸象山（九淵，西元1139～1193年）把神秘論的宇宙觀表白得更清楚，他說：「宇宙便是吾心，吾心便是宇宙。」❻ 在西方哲學史代表神秘主義宇宙論是於西元第三世紀流行的新柏拉圖主義(Neo-Platonism)的著名哲學家柏羅丁那斯 (Plotinus, 西元205～270年)。以他的見解，人的心靈能够通入迷的默想 (ecstatic contemplation)，與太一 (the one) 或神聖者 (the divine) 合爲一體。這種神秘論觀是從他自己曾經親自體驗得來的。柏羅丁那斯的思想在當時及以後兩世紀的影響力頗大。

　　從猶太基督教傳統 (Judeo-Christian tradition) 方面看，神秘宗教觀的例子很多。在舊約時代，多少先知自稱曾經有與上帝直接溝通的體驗，他們是上帝的代言人。在新約時代，基督教的創始人耶穌在世的時候，四福音記載他與上帝時常溝通。以後基督教徒聖保羅在他的書信裏，也描寫他與聖靈溝通的經驗。在基督教史歷代都有神秘主義者，把自己與神交往的體驗表白，以「證明」上帝的存在是千眞萬確、毫無疑問的可靠信仰。

　　魯一士認爲，神秘主義比起實在主義在實有觀念上是改善了，因爲它不把概念和事物界或思想和實在這兩方面隔離。相反

---

❺ 《孟子・盡心上》，Ⅶ上13。
❻ 《象山全集》卷36，頁5。

的，神秘主義好像唯心主義，強調把這兩方面聯繫起來。據魯氏的解述，神秘主義者認為，人的心靈對於實在是從直接的直覺（intuition）得到了解，無論是從感官，或情緒，或理性得來的，因而它是一種經驗主義。魯氏說：

> 〔我們要注意〕，神秘主義者是關切經驗；並試圖取得純粹的經驗作為解釋實在的方法。我承認，神秘主義者是一種很抽象的人，可是他往往是一位敏捷的思想家……他對實在的觀念不是從思想得來，而是與經驗的記錄商討得來的……他試圖為一位技巧的經驗主義者……神秘主義是一種純正的經驗主義（Pure Empiricism）……這些神秘主義者在哲學歷史上是獨為僅有的徹底經驗主義者。❼

但是，從缺點方面看，魯一士指出神秘主義的謬誤是過於偏重內在的意義（internal meaning），即只注重純正的經驗方法，而忽視推論的理性方法，因而，神秘主義的實有觀僅僅是偏向內在意義這方面。這就是魯一士所說的:「實有除了〔神秘主義者〕自己之外是空無的……你甚至把它〔實有〕抱在你的胸懷，實有僅僅是純粹直接的……神秘主義者通過簡單的反省去求解釋這個絕對（absolute）。」❽ 總言之，魯一士批評實在主義和神秘主義的同樣錯誤，即所謂整體的傾向（totalistic），前者完全向外，後者完全向內，各偏向一方面的缺點。

　　第三實有觀：從批判理性主義的立場，實有是正確的（to

---

❼ 《世界與個人》卷 1，頁 80～81。
❽ 《世界與個人》卷 1，頁 186。

be is to be valid)。就是說，實有必須根據邏輯的證據 (logical proof)。

魯一士把這第三實有觀追溯於古希臘和中世紀經學時代的歷史背景。他摘要地寫下：

> 柏拉圖的概念〔真、美、善等永恒概念〕是實在的實體，是第一實有觀。這些概念是屬於超物質世界而獨立存在的實在……新柏拉圖理論把柏拉圖的概念與神聖理性的思想認爲相等……聖托馬斯，在解釋這些概念與上帝的關係，帶領我們到將要討論的第三實有觀……簡言之，柏拉圖的實有觀，嚴格地說，是實在主義，其內容含蓄一些引伸出來的其他本體論觀。因而，這第三實有觀，大體上說，是間接地從柏拉圖開始。❾

在近代哲學史，魯一士特別提出康德的批判理性主義爲代表思想。實有或實在，按照康德的見解，是可能經驗的對象 (object of possible experience)。康氏在《純粹理性批判》（卽心靈的分析）這部形而上學傑作書中，把兩種不同的實在世界清楚地分開，所謂**自體世界** (noumenal world) 和**現象世界** (phenomenal world)。前者是屬於物自體 (things-in themselves) 的境界；後者是屬於物質的境界。這兩種不同的世界都是客觀獨立存在。雖則物自體這境界是不可知的，物質世界的一切都是人的心靈的可能經驗之對象，是自然科學的研究對象，靠着我們的經驗來構

---

❾　《世界與個人》卷 1，頁 228。

成。我們對於物質世界的普遍斷言是正確的。

　　這第三實有觀，按照魯一士的分析，是任何可以證明爲正確的，就是實有或實在。好比說，一切的 x 都等於 y (All x is y)，這個命題的意思是，凡是 x 都包括在 y 的範圍之內，不論 x 是否存在。魯氏認爲批判理性主義的實有觀比起實在主義和神秘主義的兩種實有觀大有進步，因爲它把這兩種分別着重外在的意義和內在的意義的看法綜合起來，而避免各偏向一方面的謬誤。但是，批判理性主義的問題何在？ 魯一士對於這第三實有觀提出的問題是：如何辨別那已被具體證實的實在與那可能證實的實在呢？ 結果是，以魯氏的解釋，批判理性主義的所謂正確，從一方面說，是限制於那些已經被證實過的；從另一方面說，是一種可能經驗，而可能經驗僅是可能，尚未被證實過，因而是一種形式的，未確定的，魯一士說：

　　　　簡言之，什麼是一種正確或確定地可能經驗假如它被假設
　　　　僅是可能的呢？什麼是一種正確眞理假如沒有人證明其爲
　　　　正確的呢？ ……當我們自己把一種正確的斷言證實了，它
　　　　在我們個別人的生活和觀察歷程中有其作用。可是，當我
　　　　們說：某些眞理僅僅是正確，僅僅是經驗的可能對象，
　　　　它們仍然好像只是普遍性的。這些普遍性的，因尚未被
　　　　證實過，怎樣可以一致地視爲實有的整體 (wholeness of
　　　　being) 呢？ ❿

上面這段引語是魯氏對批判理性主義的異議，主要原因是這第三

---

❿　《世界與個人》卷 1，頁 260。

實有觀把現實 （actuality） 和可能（possibility）這兩方面混亂
了。魯一士認爲，這種觀點祇限於預料普遍性的可能經驗，但不
能解釋確定的個體；換句話說，要對個別的有知識，必須運用實
際的經驗。 因而， 康德所主張的物自體世界爲可能經驗卻不可
知的這種實有觀是魯氏所不能容納的（魯氏對康德在不可知主義
（Agnosticism）方面的這觀點上將在第三章知識論加以討論）。
簡言之，批判理性主義把「實有等於正確」的理論，其缺點是着
重普遍性爲標準，而忽視個別性的重要。

總括上面所提的三種歷史實有觀，魯一士說：「 實有是什
麼？實在主義斷言，它是以集團勝過〔個人的〕限定概念；神秘
主義堅持，它是概念的眞正意義；批判理性主義主張，它就是正
確。」⓫魯氏對這三種的歷史實有觀的結論是，各學派需要糾正
以求正當與可靠。他的富有創新的形而上學就是我們將要討論的
第四歷史實有觀。

二、第四實有觀

第四實有觀，從絕對理想主義的立場，實有是眞正概念的對
象（to be is to be the object of true idea）。這就是魯一士的
本體論觀，也稱爲建設唯心主義（Constructive Idealism）。

上面所簡略地討論的三種實有觀，魯一士認爲各有其優點，
也各有其短處。因而， 他的第四實有觀是企圖把這三種本體論綜
合起來。實在主義者主張外物有獨立存在,無須人的概念而存在;

⓫ 《世界與個人》卷1，頁 358。

可是，這抽象的表述含着概念尋求外物的意義。神秘主義者把外在的物與自我 (self) 視爲相同，因而對外在世界採取消極空無的結論。批判理性主義強調概念的正確性；然而，正確的概念是不完整，除非爲去完成某種目標。魯一士重複地把第四實有觀用不同的詞語解釋。他說：「實有或實在是什麼？實有本身是有限的概念 (finite idea) 的內在意義在個別人的方式以及在最後的完成之完整合體。」❷ 他又說：

實有，或實在，是本身在個別的形態與最終的完成那些有限概念的內在意義之完整體現。❸

實有……會完結你有限的尋求，會回答你的疑問，會完成你的目的。❹

實有……是一完整的經驗，最終地表現與意識地完成的一種設計。❺

實有對我們再不僅僅是形式，而是生命。❻

第四實有觀是唯一〔的觀點〕能夠解釋一個概念怎樣與一種外物連貫。這外物並非概念，但它是這個概念所意識地的意指。❼

---

❷　《世界與個人》卷 1，頁 339。
❸　同❷。
❹　同❷，頁 358。
❺　同❷，頁 359。
❻　同❷，頁 342。
❼　同❷，頁 360。

上面這幾段引語指出魯一士的形而上學體系所着重的三大題目：
第一，絕對實有(absolute being)或絕對實體(absolute reality);
第二，概念 (idea) 或自我 (self)；第三，世界 (world)。現在
把魯氏對這三個重要問題分別討論如下：

第一，絕對實有： 魯一士對這個絕對實有如何解釋？ 有沒
有這所謂絕對實有呢？ 他確信， 這個絕對實有不僅有其實在性
(actuality)， 而且是有其邏輯的必要性 (logical necessity)。
魯氏對於康德的批判理性觀點在大體上表示同意，卽實有是正確
的。但康德的物自體境界爲不可知的理論，使魯氏在永恆眞理這
點上發生疑問。經過再三反省這極爲重要的形上學問題，魯氏終
而逃出懷疑主義的思路。他認爲，懷疑含着某種被疑惑的陳述可
能爲假之意，那麼這似乎就有一種普遍和必要的眞理,魯一士說:
「我們對此刻所判斷的內容可能是錯誤的 (error)？ 」⑱ 因而,
魯氏對錯誤這個概念的含義進一步去尋求眞理，並對絕對眞理,
或絕對實有的存在加以闡釋。錯誤是什麼? 以普通的解說，錯誤
是一種判斷 (judgment) 與其對象 (object) 不相符合。舉一簡
單例子: 「 y 在這裏」。假如 y 不在這裏，這個判斷是錯誤的。
眞的判斷是與其對象相符合，假的判斷是與其對象不相符合。但
是，對象是什麼? 它是一個人意向 (intention) 擇此或彼爲判斷
的對象。這所意向的對象是以知識爲先決條件，就是說，我們對
所意向的對象有些概念。

錯誤的可能性這個問題相當複雜。一種解釋是，錯誤由於我
們對某種對象的某方面未知悉。可是不可知之物旣不可知，我們

---

⑱ *The Religious Aspect of Philosophy* (Boston & New York:
Houghton, Mifflin, 1885), p. 389. 以下用中文: 《哲學的宗
教方面》，頁 389。

對不可知之物既不能下任何判斷，也就不能發生錯誤。在我們日常生活，有了無數的錯誤判斷例子。按照魯氏的見解，錯誤是一種判斷與其所意向的對象兩者之間不相符合。譬如說，張氏對李氏所下的判斷是錯的，意思是張對李的概念與李這本人的真正概念不相符合。但是，魯一士的論點是，我們不能確定張氏的概念是否錯誤，除非有一更高的思想（a higher thought）作為判斷。這高一層的思想包括了張的錯誤概念以及李氏這本人的真正概念之知識；也就是說，這更高思想把這兩個概念比較而發現張對李的概念之錯。錯誤是一種事實，但我們判斷其錯誤是從一種更高思想得來的。因而，我們承認判斷為錯誤，其含蓄的意思是承認一絕對真理的存在，這絕對真理或更高思想富有普遍與完整的意識⑲。

　　魯一士的見解是，唯一能把普通常識在上面所舉例子的觀點所含蓄的困難問題加以解答，就是從一更高的思想去尋求答案。這更高的思想是普遍的，也是完整的意識。魯氏說：「這個世界是在一種全面、全知、普遍的思想裏面，……一切關係，一切真理都歸向它，這一〔更高〕思想完整地判斷我們的不完整和有缺點的思想。」⑳ 這就是魯一士對全知者存在的說明。這全知者也是全能、自知、良善，完全與所謂絕對實有是超乎一切的缺陷。我們有限的實有的小我（small self）是在這絕對實有的「大我」（larger self）的領域裏，並且各小我在大我之內有其實體性。這「大我」就是絕對實有，它是獨一無比，無限的思想（infinite

---

⑲　見《哲學的宗教方面》，頁 413。
⑳　同⑲，頁 380。

thought）；而且人類界和自然界都在其領域裏。魯氏說：「你我以及自然界的最神秘和最遙遠的事實，日月星辰、一切眞理，和一切美麗，都是這個大我的部分。」❷ 簡言之，按照魯一士的見解，這無限思想存在着，並把我們有限思想的一切對象以及這些對象之間的互相關係，聯結成爲一種理性的統一；也就是說，這無限的思想使得我們有限的思想有了意義。

同樣地，魯一士的絕對實有不僅是無限思想，也是絕對經驗（absolute experience），一切有限的個別經驗要與這絕對經驗配合才可理解的。還有，他的絕對理想主義也包括所謂絕對意志（absolute will）作爲尋求道德理想的標準。這兩方面將在下面知識論和倫理觀分別討論。

但是，魯一士所強調的絕對實有不是獨立存在，而是與個別人的具體經驗不能分開的。這兩方面的關係是魯氏形而上學的核心。理想主義的實有也是具體的，因爲在無限經驗與個別人的經驗之間有密切的關係。

在中國哲學的傳統，與魯氏所闡釋的絕對實有這個形而上概念頗相似的是「道」這個概念。在《論語・衛靈公》篇中，孔子說：「人能弘道，非道弘人。」雖則孔子未把道這個名詞加以解釋，然而上引這句話指明，道是客觀獨立存在着，也是人類界和自然界的最高境界。魯一士若把先秦儒家這種實有與實在主義的實有觀相比，會提出：「道」這客觀獨立存在的形而上實有與個別人的概念這兩方面的關係問題。

先秦道家對道這個形而上的名詞特爲注重。在《老子》書

---

❷　《近代哲學的精神》，頁 373。

中，作者說：

> 道可道，非常道。名可名，非常名。「無」名天地之始。
> 「有」名萬物之母。故常無，欲以觀其妙；常有，欲以觀
> 其徼。此兩者同出而異名。同謂之玄，玄之又玄，眾妙之
> 門。㉒

又說：「道生一，一生二，二生三，三生萬物。」㉓上面的引語
指明，《老子》的作者所謂有（being）和無（non-being）這兩
個概念是認爲相等，是道的兩方面。魯一士若把先秦道家的實有
觀念與神秘主義的實有觀相比，會加以批評，雖則道家認爲個別
人的心靈能夠與宇宙界的整體合而爲一，然而以神秘經驗的忘我
作爲達到最高理想境界的方法，這是一種消極的觀點。

　　第二，概念或個體：上面已提魯一士認爲絕對實有與個別人
的互相關係。那麼，個人（individual），或自我（self），或個體
（individuality）是什麼？魯氏認爲，個體這個概念是不可能用
純粹理論的名詞下定義的。因而，對十七世紀法人笛卡兒（René
Descartes，西元 1596～1650 年）的名句：「我思，故我在」（I
think, therefore I exist），以及十八世紀英人休謨（David Hume,
西元 1711～1776 年）對自我所下的定義：「一捆從不同的知覺
集成的」（a bundle of collection of different perceptions），
他都不表同意。因爲笛氏的重點只是要證明普遍的自我之存在，
並把人的心靈與肉體當爲兩無關係的形而上單位的二元主義。休

　　㉒　《老子》，篇上，章1。
　　㉓　同㉒，篇下，章42。

誤卻把自我認為只是一連串的概念而已，人的心靈僅僅是感官和
記憶，無所謂普遍性的實有，這是一種極端的懷疑主義。

在西方近代哲學史，魯一士的形而上絕對實有觀受黑格爾在
其傑著《精神現象學》（*Phenomenology of Spirit*, 1807）的
影響很大。黑氏在這書中強調絕對實有的存在，這絕對也稱為理
性、精神、概念、上帝等。魯一士同意黑格爾這個形而上的主要
概念，卽絕對實有是無限的，是構成宇宙界的統一，是理性的，
是辯證的；以正反合的三合一方法為邏輯定律。但是，魯一士認
為，他的絕對實有這個概念有與黑格爾的絕對這個概念有不相同
處。以魯氏的見解，絕對實有是超過思想或理性，不像黑格爾
所謂：「實在是有理性的，有理性的是實在的（the real is the
rational, and the rational is the real）。」絕對實有必是個別
的，具有經驗和意志，不是普遍地理性化的。

那麼，我們的概念是什麼？魯一士的解答是：

> 一個概念是〔個別人的〕意識，不論簡單或複雜的任何
> 階段，當它出現時至少是一種單純的意識目標之表現或體
> 現。❷

魯氏又說：

> 理智的概念可以說是屬於我們生活的原動力，而非僅僅是
> 感覺而已。這就是康德所謂理解的自發性（spontaneity

---

❷　《世界與個人》卷 1，頁22。

of the understanding)。㉕

　　意思是，以魯一士的見解，我們的概念所關涉的，不僅對於外在
事物的反省，也是一種主觀的反應。

　　上面魯一士對概念所下的定義，說明他認爲：某種目的或目
標是指定一個人的概念，並使得那個概念有了意義。也就是說，
我們對外在事物不能有何概念或有何意義，除了對於某種事物意
向地發生興趣，加以注意。他進一步把概念的意義分成兩種，
卽外在的意義（external meaning）和內在的意義（internal
meaning）。舉魯氏自己所引的例子：假如一個人計算有多少船
進入港口，按照普通常識，對不對只憑所算的數字與確實進港口
的船數是否相等，這是一種外在的意義。但是，魯氏解析說：

> 計算船數是正確或不正確，不僅僅因爲所假設的獨立船
> 數，同時也是因爲意識算船的行爲巳先被意識地選擇計
> 算。歸根到底，一個概念非眞或假，除非這有關的對象是
> 那個概念事先有意選擇其爲對象。㉖

這就是魯一士對於概念的雙層意義的形而上理論。從外在意義方
面看，概念的對象是存在於自然界的事物；從內在意義方面看，
我們意向地選擇某事物爲概念的對象。明顯的，魯氏認爲目標或
意向是主要的，外在的意義是以內在的意義爲領先；也可以說，
外在的意義是完整的內在意義的一部分。一個人的概念是尋求

㉕　《世界與個人》卷1，頁22。
㉖　同㉕，卷1，頁31。

者，意向外在事物尋求客觀的體現。但是，我們的個別概念是有限的，是片斷的，無論多麼準確，卻不能反映最終的實有。

有趣的是，魯一士對於傳統在心靈（mind）和物質（matter）這兩個形上的概念並不關注。他所着重的是概念含蓄着的內在意義和外在意義的分別。因而，他認爲自我的意思是：

> 不管自我是什麼，自我不是一種物（thing）。自我不像亞里斯多德或笛卡兒是一種實體（substance）。㉗

> 從這觀點〔絕對理想主義〕看，自我不是一種物，而是一種意義在意識生活上體現出來。㉘

上面這兩句引語說明，以魯氏的見解，自我與非自我（not-self）的相應，正如內在意義與外在意義的相應一樣。自我是向在外面客觀事物上尋求其意向目的。

但是，魯一士強調，自我的意識是從社會生活得來的。他說：「原來，經驗自我（empirical ego）是次於我們的社會經驗。」㉙好比一個嬰兒的自我發展是從認識別人開始而逐漸認識他自己。成人後還是與社會經驗息息相關的，因爲我們的自我意識都是從社會習慣得來的。動植物是純粹個別的生物，但人與動植物不同，因爲人是社會集團的個別人，具有知覺力，有感情，能反省的人格。魯氏把個人、個體、自我這幾個名詞通用。雖則他認爲，個體這個概念不可能用純粹理論下任何定義，然而他自

㉗ 《世界與個人》卷 1，頁 268。
㉘ 同㉗。
㉙ 同㉗，卷 2，頁 264。

己所下的結論是:「個體是一種滿足了意志的範疇。」❸ 這句話是魯氏形而上學的中心思想之一。他大概是受叔本華（Arthur Schopenhauer, 西元1788～1860年）的唯意志論（Voluntarism）的影響。魯氏曾說:

> 叔本華把我的世界與我自己的意志解釋了。假如他在我的意志上的意思是，個人的體現和表現我的概念的完整意義，那麼，可以說他是對的。❸

明顯地，按魯一士的見解，意志含有自由的意思；就是說，內在的意義是由自我朝向某種目標或理想的選擇。魯氏對於意志自由（freedom of will）與善惡這兩個倫理概念的關係，將在第五章討論。

但是，在自我的內在意義這題目上，魯一士認為，時間（time）這個形而上的概念也是互相關係的。那麼，時間是什麼? 這是西方哲學史自古至今思想家所興趣的問題。柏拉圖曾經把時間形容為「永恆的移動映像(moving image of eternity)」。魯一士卻把時間解答為:

> 時間是意志的形式（the form of the will）; ……是有限人生的內在意義在連續的階段逐漸地達到與其外在意義合而為一。❸

---

❸　《世界與個人》卷2，頁 432。
❸　同❸卷1，頁 390。
❸　同❸，卷1，頁 133。

他的意思是，時間在我們的經驗中，是過去、現今和將來的一種觀念之構成。我們不能限制在現今，因為現今僅僅是「時光流水」(time-stream) 的一片刻而已，我們的現今自我是不停留的，而是要順從過去、現今與未來這連續地消逝的時間原理。魯氏又說：

> 我們不僅僅觀察，任何一連串的數字，在另一新的數字未出現之前，先前的數字已成為過去，同時，在這不相矛盾的兩方面之間，我們也觀察到這整個連續步驟是立刻在我們的意識裏呈現。㉝

魯氏舉讀詩為例，一首詩以前後每字而成韻，使聽眾知其意義，和賞識其樂調。這就是說，已往與未來相關，由我們的志向經過時間去完成。因而，空間是世界的舞臺，世界的戲劇是在連續的時間裏扮演。我們有時間性的經驗在有限的意識中有了不滿足和不能滿足的欲望或目標。但在時間範圍內我們的概念和內在意義都朝向那無限，永恆的絕對去尋求。魯一士把時間和永恆應用到個別人的永生 (immortality) 這個宗教哲學的問題上，將在第五章加以解述他的見解。

總而言之，魯一士的實有觀在概念或自我這形而上的題目，把無限的絕對這抽象的概念具體化了。絕對實有不僅僅是普遍的，也是永恆的，並且與一切有限的個體有了不可分開的關係。自我的概念雖是有限，然而這些有限的概念都是在無限絕對的懷

㉝　《世界與個人》卷 2，頁 113。

抱裏面。換言之，絕對是許許多多個體的個體，許許多多自我的自我，它是我們的每一個別人，同時也是我們的合體。

　　第三，世界： 自然世界的理論是魯一士的形而上學重要部分之一。他與康德的世界二元論，即現象世界與物自體世界分別以科學定律和倫理道德來區別的觀點不相同。魯一士認爲，自然世界實際上只是一個世界，但是從兩方面看：一方面是事實，另一方面是價值，就是他所稱爲形容的世界(the world of description)和欣賞的世界(the world of appreciation)。也可說，我們可以從事實 (fact) 和價值 (value) 去看這一個自然世界。

　　形容的世界是抽象的、機械化的、外在的、科學的、公開的，因而是任何人的世界。魯氏說：

> 我知道，任何能計算的人，一定得到 3 加 2 等於 5 的數字。也許天使不能計算，如果他們能夠的話，這個 3＋2 ＝5 對他們也是正確的。假如我遇見有一天使聲明說他曾經有過 3 加 2 不等於 5 的經驗，我應立刻知道他是什麼樣的天使了。㉞

科學的理論儘管可改變，以魯一士的見解，科學是屬於形容的世界，以自然律、因果律、規則性、一致性、準確性等爲原則。這自然世界從形容這方面看，充滿着許許多多等着我們加以注意的事物。我們對這個外在事物的世界要加以形容，是經過對它們不同種類的辨別。簡言之，宇宙秩然有序是依據物物互相關連的定

㉞　《近代哲學精神》，頁 400。

律。因而，這個以形容方面的經驗看，是任何人的世界，不僅是某些人的世界而已。也就是說，這個形容的世界是從外在、公開的概念方面去看的世界。它是科學的世界，是我們所重視的世界，因爲它使得我們了解外在事物的存在及其所以然，並是人與人之間對外物的普遍知識有效的橋樑。可是，這個形容式的世界雖則有用，卻有其局限性。

在魯一士的時代，許多科學家把這形容式的世界認爲是唯一的實在世界，宇宙自然界有像一自動發條的鐘錶的巨型機器。這種科學唯物主義觀是理想主義者魯一士所反對的。因而，魯氏強調，與形容世界平行的，是所謂欣賞的世界。從欣賞方面去看的世界，是具體的，而非抽象；是精神的，而非機械化；是內在，而非外在；是不可形容的，而非科學化的；是私人的，而非公開的。魯一士舉例說明形容的世界和欣賞的世界這兩方面的看法：

> 我從一光線不亮掛上一大堆帽子的衣帽間之中，挑出我自己的帽子感覺如何，這只有我自己才能欣賞的。我從自己的感覺而知道當時我挑來的帽子是我的帽子。我不能解釋我怎麼知道。從另一方面說，我找到我的帽子是掛在一比我高些的掛帽釘子上，掛在衣帽室的右邊或左邊，我取到帽時，時鐘敲十點，這些是我經由口能夠形容的經驗。就是說，我能夠把這些經驗的意思告訴你。我認爲這些經驗是任何人所可能有的，無論他有否我對我的帽子所感覺的。㉟

㉟　《近代哲學精神》，頁 389。

上面魯氏所舉這簡單的例子指明這兩種不同的經驗，從形容方面
看，我們的經驗是普遍的、永久性的；從欣賞方面看，我們的經
驗是私有的、是短暫的。但是，這些短暫很快地消失的欣賞經
驗，正如那些可以重複的形容經驗是一樣的眞確。事實上，魯氏
認爲，欣賞經驗比起形容經驗還要重要，因爲欣賞經驗本身是可
能的，而形容經驗是靠着欣賞經驗而成爲一致連貫。當我們想起
某友人，我們不是當他爲一大堆的分子（a mass of molecules）
的外在事實，而是他的內在自我（inner self）、欣賞的自我
（appreciative self）。這個從欣賞方面去看的世界是一個自由、
價值和精神的世界，在這點上，魯氏又說：

> 每一個心靈，在這自由的世界，要愉快地覺察自己以及他
> 的鄰人的過去意見和經驗，不是抽象地或推論地重建，而
> 是直接地認知他的整個內在和外在的世界，憑着將能存在
> 的一種有生機和完整的方式的互相交往。在那一個精神交
> 往的世界裏，一個人的一切思想將直接地成爲他的鄰人的
> 思想對象。㊱

這段引語清楚地闡明魯一士的形而上重點，因爲在這個從欣賞方
面看的精神世界，是以人與人之間在精神和思想上互相交往爲規
例。因而，人是什麼？他的目標何在？他與他人的關係爲何？這
些問題從形容方面看的世界是無何意義的。但是，在欣賞的世
界，這些問題可以得到解答。形容的世界的一切就像是現象世界

㊱　《近代哲學精神》，頁 395～396。

的音符 (notes)，但非生命的諧曲 (melody)。 在欣賞的世界，
我們是想像站在一望無際的海洋的岸上，我們只能够形容近在眼
前的波浪，但那浩大海洋的深度之意義，卻是在形容之上的。這
種私有的經驗雖不能普遍地形容，然而由於人與人之間意識地在
欣賞心靈上的互相交往而連結起來，而使我們能够在這形容的世
界共存。但是，魯氏是一位絕對理想主義者，他認爲我們的欣賞
經驗是很有限，只是整個世界的一部分而已。因而，唯有無限的
絕對才能有一切的欣賞經驗，並能使有限的短暫經驗變成持久。
換言之，這無限的絕對本身並非孤立遠離這世界，它的目標是由
那些欣賞的自我的自由意向表現出來。因而，這無限的絕對與有
限的經驗有着不能分開的密切關係。

　　總言之，魯一士的自然世界觀是嚴格地根據目的論證 (tele-
ological argument) 去闡釋。他認爲，從有限的內在經驗看，在
這自然世界領域裏，正如人間世界領域裏一樣，任何過程和發展
都是朝向一種理想的嘗試加以努力。 不論這自然世界是多麼浩
大，多麼複雜，一切內在的概念以及外在的事物都順從地往統一
的目標前進。我們是生活在一個事實與價值的世界裏。

三、結　　語

　　魯一士的形而上理論可以用圖表簡單說明如下。他先把西方
哲學歷史上的三種實有觀加以解述和批評:

第一，實在主義的二元實有觀: 實有是獨立的。

外在事物是獨立存在的事物，絕不依靠任何思維或概念而存在，也不因對其任何概念有何變更，因而它不必與對其任何概念有何關係。換言之，這兩方面是各自獨立，彼此不相干的領域。並且，一切概念只有外在的意義而已。但魯氏的批評是，假如每一個實體是單獨地存在，那麼這種觀點是把實在摧毀了。魯氏的結論是：

> 簡言之，首尾一貫的實在主義的領域，既不是一元的領域，也不是多元的領域，卻是一絕對空無的領域。㉗

還有，實在主義的觀念，對於精神和價值方面的一些重要問題都缺少理智的答案。

　第二，神秘主義的唯心實有觀：實有是直接經驗的。

㉗　《世界與個人》卷 1，頁 136～137。

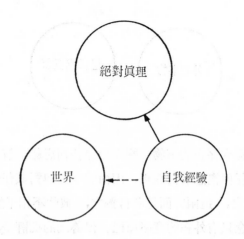

神秘主義是一種唯心主義，強調以朝向內在深處的經驗，尋求與
絕對眞理直接交往爲個人的希望和拯救。因而，所謂外在世界獨
立的實有僅是幻夢的想法，也就無所謂外在的意義。魯氏對神秘
主義的批評是，它除了傾向信仰主義而忽視理性推論方法之外，
神秘主義者的直接純粹經驗僅僅是實有的一方面而已。他在這點
上說：「我們必須重新對本體的含意加以闡釋，重視這兩種〔內
在和外在〕有限的，能成爲眞正的概念。」❸ 這就是魯一士把實
在主義與神秘主義分別所着重的外在意義與內在意義綜合起來，
以彌補這兩種實有觀各偏向一方面的謬誤。

第三，批判理性主義的唯心實有觀：實有是正確的。

---

❸ 《世界與個人》卷 1，頁 194。

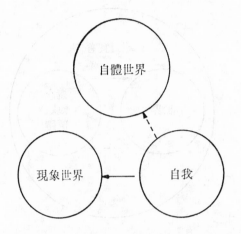

批判理性主義，以魯一士的看法，比起實在主義和神秘主義的實有觀，是一種強有力的唯心理論。他承認對其實有觀難以反駁，因爲它對自我概念的內在意義和外在的意義兩者並重。然而，魯氏指出批判理性主義的弱點是混亂兩種經驗：實在的經驗和可能的經驗。就是說，所謂物自體世界只是屬於可能經驗的境界，現象世界是屬於可證實的實在經驗世界，因而避免不了二元論之瑕疵。那麼，如何辨別那具體地證實的與那僅能理想地證實的？這是一個難以解答的問題。魯一士在這個難題上說：「沒有所謂僅是可能的眞理，除了從某種實際的經驗，才可以解釋。」[39] 簡言之，魯一士認爲，批判理性主義以正確爲實有的標準是不充分的。

　　第四，絕對理想主義的實有觀：實有是眞正概念的對象。這就是魯一士的觀點。

---

[39]　《上帝觀》，頁 36。

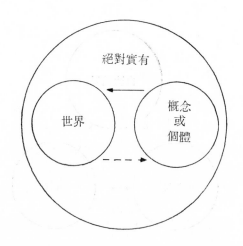

上面的圖表是描述魯一士把西方歷史上三種實有觀加以綜合。他所謂絕對實有是確實存在並且必須存在，是無限、永恆、全知的統一實體，可以具體地從實際經驗證實的。魯氏再三強調，這絕對實有不是獨立存在，而是在個別有限的概念具體地呈現；這些有限的概念都是意識地意向某種理想選擇，使其內在的意義與外在的意義合成爲一。自然世界也是絕對實有的一部分，這個自然界不僅是事實，更重要的是價值；因而自然世界應從兩方面看，一則形容的世界，一則欣賞的世界；自然界非一機械式的世界，而是一個有目標的世界。魯氏的形而上學的觀點，可引他自己所說的爲結語：

> ……第四實有觀是唯一能夠解釋如何與一對象相應，這對象並非概念，但正是這個概念所意識地意向的〔對象〕。❹

那麼，究竟概念怎樣能夠與其意向的對象相應，這問題是在魯一士的知識論解答，將在下章討論。

---

❹　《世界與個人》卷 1，頁 360。

第三章 魯一士的知識論

一、近代哲學知識論主要學派

在西方哲學史上，知識論（epistemology 或 theory of knowledge）是哲學的一重要部門，尤其在近代從十七世紀開始更加是思想家所重視的。知識論所關切的問題，是知識的起源、構造、方法和其正確性等互相關係的問題。在近代哲學的主要知識論學派是：（1）十七世紀在法國發起的理性主義（Rationalism）；（2）十八世紀在英國盛行的經驗主義（Empiricism）；（3）十九世紀的康德綜合知識論（Kant's synthetic epistemology）。魯一士的知識論是把康德在理性主義和經驗主義這兩學派綜合起來的知識論點加以反映和擴充。

西方十七世紀稱為「理性時代」（the age of reason）。這是知識思想革命的時期，表現近代的文化精神。近代人排斥中世紀以神學為最高權威，而着重人的理性和邏輯的分析以解答宇宙及其他哲學的問題。笛卡兒是近代哲學的創始人。他的思想正代表從中世紀史轉進近代史，並為調和中世紀傳統思想與科學思想的衝突加以鬥爭。笛氏認為：哲學的目標是追求正確（quest for certainty）。那麼，如何尋求這目標呢？方法就成為笛氏的哲學中心。據他的見解，知識是從意識推論出來的，為了證明概念為真或假是憑着這些概念是否明白與清楚（clear and distinct）。

假如我們對任何概念有了疑惑，疑惑就是思維。因而，他的名句：「我思，故我在。」意思是：知識是以自我為出發點，以演繹推論（deduction）為方法。這種演繹推理方法，從思想到自我，是肯定意識的最終正確性。如果我們懷疑或否定自己的理性思想，這種懷疑或否定就是肯定自己在懷疑或否定了。換句話說，笛氏的理性主義是：從思想的我推論到我的存在。同樣地，從我的思想，可以推論到上帝和世界的存在。他的論點步驟是：上帝是完全的，存在是完全的一必要因素，因而，上帝是存在着；上帝是存在着，祂是完全不會欺騙人類，因而，世界實在地存在。

總言之，笛卡兒的理性主義知識論點是：人的心靈具有天賦的概念（innate ideas），無需由經驗得來。真理是完全的理性，任何概念凡是清楚和明確，即是真正的。還有，知識的構成不是主觀的，而是建立在數學的基礎上，使其普遍化。

笛卡兒的理性主義引起兩方面的反應：第一，從正面方面說，他以理性為知識最可靠的來源，曾經由其思想繼承者斯賓諾莎和萊布尼茲（Gottfried Welheim Leibniz, 西元1646～1716年）分別加以闡釋和修改，並把笛氏在形而上學的心靈與物質這兩個概念的二元論所產生的問題加以解答。第二，從反面方面看，笛氏的理性主義知識論點引起了十八世紀的幾位經驗主義思想家加以反駁。在這點上，魯一士曾經形容說：

〔人〕或許是自然機械的一部分，或許不是；無論如何，他是一個認知的機構。他的知識本身，是什麼，怎樣得來，從何處得來，如何長進，其意思何在，它怎能為反對

懷疑主義而辯護，它對於道德眞理和理論眞理的含義爲何
──這些是近代哲學第二時期從洛克至康德最感興趣的問
題。❶

　　十八世紀稱爲「批判時代」(the age of criticism)。在這
世紀的三位傑出經驗主義思想家是洛克、柏克萊和休謨。雖則他
們各人從自己的角度對理性主義加以攻擊，他們都認爲，唯有感
覺經驗 (sense-perception) 是知識的來源。因而，沒有所謂理
性，心靈的概念是從感官所感受的外在事物得來的，並非笛卡兒
所強調的天賦概念。換言之，一切知識都是從感覺經驗獲得。

　　洛克是十八世紀經驗主義的英國代表思想家。他認爲人類心
靈原來的空白，好像白板(tabula rasa)一樣，一切經驗是從外在
事物把印象寫在心靈上，外物僅僅是性質而已，就是他所謂初性
質 (primary qualities) 和次性質 (secondary qualities) 兩種。
初性質是客觀存在着，如大小、形狀、地位、動靜、固體等；這
些性質也稱原有性質。次性質是主觀的，如顏色、聲音、味道、
香臭等；這些性質亦稱可感性質。簡言之，洛克的經驗主義知識
論亦可稱爲感覺主義 (Sensationalism)，與笛卡兒的理性主義正
相反。

　　在十八世紀的第二位重要經驗主義哲學家是柏克萊。柏氏與
洛克同意，一切知識都是從感覺經驗得來的。但是他不同意洛氏
把外物性質分爲初性質和次性質兩種。柏氏認爲，一切可感覺的
性質 (sensible qualities)，都是主觀的，也就是次性質的，因爲

───────────
❶　《近代哲學的精神》，頁 32～33。

外物的存在是靠着心靈的感察，這就是他的名句:「存在是被感覺」(to be is to be perceived) 所清楚地指明的。感覺經驗世界僅是一個概念的世界。就是說，心靈所認知僅是概念而已。柏克萊的知識論立場亦稱爲心靈主義 (Mentalism) 或主觀唯心主義 (Subjective Epistemological Idealism)。

第三位近代經驗主義哲人是休謨。休氏可說是英國在近代哲學史所產生最有影響的哲學家，他的思想在於反駁理性主義者太過樂觀。他的著作激動了後來許多不同哲學派別的哲人，包括康德、英國語言分析主義者、邏輯經驗主義者和美國經驗論者。他繼承英國經驗主義洛克和柏克萊，以心理學爲重，與十七世紀的理性主義者以數學爲模範學科不同。休氏在知識論上的主要問題是: 我們在最普遍的觀念能够得到何種的正確知識呢? 要解答此問題，我們必需發現心靈的能力和限制。

休謨、洛克和柏克萊都同意，我們的知識是從感覺得來的。感覺可分爲兩種: 一是印象 (impressions)，卽直接經驗，二是概念或對印象的記憶 (ideas or memories of impressions)。印象是先於概念，也比概念活躍。概念有否意義是靠着從何印象或合成的印象得來的。若無印象，卽概念不能辨別爲眞或假。休氏把知識分爲兩種，第一，**概念的互相關係** (relations of ideas)，這種是定義式的，他的比方是，「一個獨身人是沒有結婚的」。這種知識是必然也正確的，但並不說及外在自然界使我們產生任何知識。第二，**事實的知識** (matters of facts)，這種知識是基於自然一致律的假定，卽同樣的原因必產生同樣的結果。我們對自然界不能有肯定或正確的知識，而只能有概然性 (probability) 的知識。休氏所引的例子是「×氏是沒有結婚的」，明顯地，這

事實不能肯定。因而，這種事實的知識既非理性的必然，因而不可論證。簡言之，休氏認爲，自然科學能給我們的知識是限於時間與空間的事物，以及感覺資料的互相關係 (relations of sense data)，不同的概然性程度而已，而非正確的知識。休謨的極端經驗主義觀點，使他走上所謂懷疑主義 (Scepticism) 方向，認爲我們對宇宙界的知識不能加以證實或肯定。

有趣的是，休謨的懷疑主義引起了康德從「獨斷論的久夢覺醒出來」，而把十七世紀和十八世紀這兩相反的知識論學派加以綜合。

康德在魯一士的眼中是西方哲學史的轉向點。魯氏曾稱讚說：「……康德是近代哲學思想的眞正英雄，……他永遠地是我們的領導。」❷ 無疑的，魯一士是康德的敬慕者，對於康氏的巨著《純粹理性批判》極爲賞識。在這部傑作，康德的知識論問題和答案是把十七世紀的理性主義和十八世紀的經驗主義理性加以批評分析和綜合起來。康氏認爲，這兩對立的知識論點最大缺點是：理性主義忽視試驗方法而妨礙科學的進展；經驗主義忽視普遍性與歷史而把人類界與宇宙界隔離。他同意理性主義者主張人的心靈賦有某種形式 (forms) 也同意經驗主義者以心靈思索經驗 (mind thinks experience) 這種看法。康德的觀點是，在心靈裏面，除了經驗之外，還有某種東西，即某種東西是心靈本身。在這點上，康德不同意休謨把宇宙看作覺知事實的集合，而站在理性主義的立場，認爲有所謂心靈的存在，因爲心靈與經驗是互相合作的。康德乃把知識下個定義：

----

❷　《近代哲學的精神》，頁 viii。

知識是經驗理性化(knowledge is experience rationalized)。但康德與理性主義者的不同點，即對理性（reason）這個概念的解釋。他認為理性不是人具有的，如笛卡兒所謂天賦的概念（innate ideas）乃是人所能有的。理性是一種先驗的形式（a priori）。因而，在《純粹理性批判》書中，康德的問題是發現那些組織無數經驗的形式，使成為知識。他把知識分為三種，去解答先驗知識怎麼可能這個問題。所謂先驗是組成經驗的因素，因而是超乎經驗。這三種知識是：

第一，認知是感覺（to know is to perceive）：感覺是通過兩種先驗的形式（two a priori forms or modes），這兩種形式或方式是時間與空間。但時、空間僅僅是方式而已，為認知的必要先驗條件，也就是經驗知識的先驗條件。

第二，認知是思索或判斷（to know is to conceive or to judge）：這理性知識，共有四項範疇（categories）：（1）分量（quantity），再分為三項，全稱(universal)、特稱(particular)及單稱（singular）；（2）性質（quality），再分為三項，肯定（affirmative）、否定（negative）及無限（infinite）；（3）關係（relation），再分為三項，定言（categorical）、假定（hypothetical）及選言（disjunctive）；（4）樣態（modality），再分為三項，疑問（problematic）、斷然（assertive）及必然（apodictic）。康德認為，任何陳述或判斷可歸類於這十二範疇之內。例如：一切人都是理性的動物，這陳述是一種全稱、肯定、定言，和斷然的判斷。

第三，認知是把經驗系統理性化（to know is to systematize and rationalize experience）：理性的功用是把我們無數量的

經驗加以調整和系統起來。康德提出三種概念作為推理的綱要：
（1）自我為統一心靈各種活動的概念；（2）世界為統一現象世界互相連貫的概念；（3）上帝或至上實有為統一一切思維人們和一切思想對象的概念。

從上面所略述的，明顯的康德把理性與經驗這兩種的知識來源並重，如他的名句所表白的：「觀念（或概念）無感覺是空的，感覺無觀念是瞎的（concepts without percepts are empty, percepts without concepts are blind）。」康德對這三種知識分析之後的結論是，我們沒有超過經驗的知識。在我們的知識範圍內有先驗的因素，感覺有時間和空間的兩先驗方式，觀念有十二範疇，以及三概念為組織經驗的原理。但這些先驗因素對於我們所獲得的經驗知識之內容並無增加或擴大。

簡言之，康德的知識論觀是限於現象世界，即由經驗理性化為認知的方法。至於超現象世界，即康德所稱為物自體世界，是不可知的。因而，康德是一位形而上不可知論者（metaphysical agnostic）。這個物自體世界要從道德行為與信仰去解釋，在他的《實踐理性批判》（*Critique of Practical Reason*）和《道德形而上的基礎》（*Groundwork of the Metaphysics of Morals*）這兩部書作詳細的闡析。

雖則魯一士極為賞識康德是具有傑出才智的思想家，然而他認為這位哲學英雄的形而上學與知識論觀念並非無其缺點。魯氏曾說：

> 康德有一種卓絕的威力，把他一些問題的判決停擱下來，而使幾乎其任何門人想要即作決定，並決定朝向一條修正

康德那些理論之路。❸

對於康德哲學系統的繼承和修正思想家是四位德國的哲學名人，他們各從不同的角度把康德的物自體世界放棄了。第一位是費希德 (Johann Gottlieb Fichte, 西元 1762～1818 年)。費氏把康德的形而上二元論世界觀修正爲唯心一元論 (Idealistic Monism)，並把康德的理論理性與實踐理性這兩方面合併爲一。費氏主張，實在或實有是精神的，是以倫理價值爲基礎。我們所要尋求的道德行爲，非自然界的事實。這是一種倫理唯心主義 (Ethical Idealism)。第二是雪林 (Frederick Wilhelm Schelling, 西元 1795～1854年)。雪林從另一角度去修正康德的二元論。他強調實在或實有是美 (beauty)，而非費希德的善或道德行爲。因而，理想人生是藝術天才的創造，這變成一種美學唯心主義 (Aesthetic Idealism)。第三位是黑格爾。黑氏是康德的大闡釋者，但他把康氏的二元論修正爲絕對唯心主義 (Absolute Idealism)，亦稱爲精神一元論 (Spiritualistic Monism)。黑格爾的絕對唯心主義和邏輯方法對魯一士思想和哲學方法之影響非淺。第四位是叔本華。叔氏所着重的是，絕對是意志 (will)。他的思想體系稱爲意志唯心主義 (Voluntaristic Idealism)，在這點上，魯一士承認受叔氏的影響。魯氏所提，康德後 (post-Kantian) 的修正思想家實際上也包括他自己。

---

❸　《近代哲學演講集》，頁 36。

二、魯一士的闡釋理論

魯一士的知識論主要問題是如何探索哲學，這是一個方法問題。他說：「確實地判斷一種哲學，應當從其方法而非從其論點。」❹ 在第二章已把魯氏對三種歷史的實有觀的分析和批評加以簡述。從知識論這方面看，他認爲這三種觀點各有其缺點。實在主義把概念和外在的事物當做不相連貫，因而知識成爲不能解釋的。神秘主義把實有當做是超過分析理性的知識能力範圍。批判理性主義以某種普遍的形式作爲構成經驗的條件，但不能對個人的實際經驗加以解釋，這是一種不充分的方法。

近代哲學着重知識論的方法。十七世紀的理性主義者強調以演繹推論爲方法，十八世紀的經驗主義者卻以歸納假設爲方法。這就是說，這兩種知識論觀各就知識的來源分別在理性與經驗這兩方面加以爭論。魯氏對康德的綜合方法，卽把知識分析爲經驗理性化，表示稱讚。可是因康德的知識論觀朝向不可知境界而把形而上放棄，使魯一士不能容忍而創造自己的方法。

（一）闡釋理論的特質

魯一士從歷史上的理性與感覺經驗這兩種知識論觀的爭論觀點轉向到另外一個課題，認爲有第三種的知識理論，卽他所強調的闡釋理論 (theory of interpretation)。闡釋這個概念是朴爾士先發明的❺，但魯氏把它成爲一種知識理論而加以新的分析。這

❹　《世界與個人》卷1，頁 16。
❺　見《魯一士的主要著作》卷2，頁 739。

個理論就是魯氏的知識論基礎。雖則這兩種觀點，卽理性主義所着重的普遍觀念與感覺經驗主義所着重的特殊知覺，在歷史上是相對立的學派，然而哲學家均承認，我們的知識時常兼用這兩種方法。魯一士認爲，除了這兩種知識之外，還有這邏輯闡釋第三種的方法，不但是唯一能够超乎感覺經驗與理性觀念的二元論，並且是爲辯明我們對別人的知識之方法。魯氏說：

> 這闡釋〔理論〕是第三種的知識，與感覺知識及觀念知識密切地織合，互相連結，但是它不可能化約爲任何複雜或合併的純感覺或純觀念的成分。❻

上面這段話的含意是：傳統的知識論點往往是限制於認知者（knower）與被知者（known），或主體（subject）與客體（object）這兩方面的關係而已。魯一士認爲，知識的歷程（knowledge process）不限制於感覺經驗與理性推論這兩種來源與方法而已。原因是別人的意識和思想，尤其是他的意向、情緒、概念，是我們所不能感覺和想像到的。無疑問的，他也具有感官知識或觀念知識或感官和觀念互相合一的知識。可是我們對他的思維歷程是不可能以感官或觀念而認知的。還有，魯一士同意康德對於感官與觀念加以並重。他認爲，僅有觀念的知識是缺乏創造性的，僅有感官的知識是太單調的。

因而，魯氏強調知識的第三來源與方法爲闡釋的理論。這闡釋的理論不限制於感覺經驗與理性推論這兩方面的關係，而是着

---

❻　《魯一士的主要著作》卷2，頁741。

重在三方面的關係（triadic relations）。這三方面的關係簡單地說是❼：第一，**被闡釋的原來資料或符號**；第二，**闡釋或闡釋者**；第三，**闡釋的對象或讀者**。例如，㈠一本戲劇的原文，㈡演員為闡釋者，然後㈢觀眾或聽眾對演員所扮演的闡釋之反應。簡言之，這闡釋的理論需要三方面的關係，一位闡釋者把他所闡釋的符號向另一位理性接受者所闡釋那符號的意思是人類知識的最後方式。這種理論也就是感覺知識與觀念知識的一種純正的綜合。

因而，由這三方面關係闡釋知識理論的一個重要特質是，人類知識是從社會集團得來的。傳統的理性主義和經驗主義分別以理性與感覺為知識的來源是一種唯我論（Solipsism），因為各持守個別思想者是唯一的認知者，也就是上面所提這種知識的關係僅是兩方面的關係而已。但闡釋知識理論的含意是與其他認知者互相交往。在這點上，魯一士與朴爾士一致同意，知識是社會性的。魯一士說：

> 當我與無生命的自然界接觸，我可以期望從感覺得來的事實……但當我與另一個心靈交往，我不僅僅從他期望可解釋的感覺；我企望那心靈給我新的概念、新的意義、新的計畫。這些新概念、新意義，和新計畫相比是在各階段的社會經驗不是我的經驗，並可能與我的經驗相反，也在多方面是我所排斥的……但是，與別的心靈交往，我時常把我自己的心靈擴大，從而對我自己的生命以及我的鄰人的生命獲得新的闡釋。❽

---

❼　詳解見《魯一士主要著作》卷 2，頁 740～741。
❽　《魯一士主要著作》卷 2，頁 752～753。

這就是說，以魯氏的見解，我們的知識，除了從感覺經驗和理性
推論這兩方面的來源之外，是從社會集團得來的。康德把這兩種
知識論綜合為知識是經驗理性化。現在魯一士把這兩種傳統知識
論以闡釋理論綜合為知識是經驗和理性社會化，因為他認為闡釋
在基本上是社會的。

　　但是，我們自己對某種符號所闡釋的與別人對同樣的符號所
闡釋的，往往不相同。因而，第三者的闡釋是必須的。可是，第
三者的闡釋不一定能解答第一和第二闡釋者的不同，那麼在知識
方面便產生了無數的闡釋。也就是說，這闡釋理論的第二特質是，
魯一士所強調的無限理論 (theory of the infinite) —— 這無限
也稱為無限思想（infinite thought）或無限闡釋者（infinite
interpreter）。這所謂無限或絕對實有必須存在（見第二章，頁
44～48），並且可以加以論證。魯一士說：

> 這真實的世界是一個準確地確定的，並實在地無限體系，
> 其構造是在自我意識〔即絕對大我意識〕裏啟示給我們，
> 這我相信是可以論證的。❾

那麼，魯一士怎麼證明他的所謂無限或絕對實有是存在呢？在這
個問題上魯一士運用他的邏輯與數學的原理加以解答。早在學生
時代他對於邏輯就發生興趣，以後更受數學邏輯學家朴爾士的影
響，曾對近代的符號邏輯做過系統的研究，並將現代兩位德國

---

❾ "The Concept of the Infinite" in *Hibbert Journal*, Vol. 1
（1902），p. 45. 以下用中文：〈無限的概念〉，1902，卷 1，頁
45。

數學家，康投（Georg Cantor，西元 1845～1918 年）與德德肯
（Richard Dedekind，西元 1851～1916 年）對於有限與無限數
字（finite and infinite numbers）的分別，應用在他的無限理
論上。從數學數字魯氏引例⑩：

1	2	3	4	5	6	7	8	9	10	…
2	4	6	8	10	12	14	16	18	20	…
4	8	12	16	20	24	28	32	36	40	…
8	16	24	32	40	48	56	64	72	80	…

上面每一行的數字都按其次序而無限制。第二行的偶數數字與第
一行的奇數數字相併按序前進，同樣地是無限的。新的行列數字
是從前一行的數字引申出來也是無限的。這就是所謂無限數字，
其特點是整體與其部分相等。換言之，無限的不能除掉其部分，
而是部分必須先存在的。

　　魯一士另舉英國地圖的例子形容這個無限概念的含意。一幅
英國的地圖代表整個英國的國境。實際上這英國國境的整個地圖
裏可以畫出無數的小地圖，即圖中之圖⑪。魯氏把這個無限的哲
學概念下的定義是：「一種事物或一種體系是無限的，如果它能
够準確地由其自己的一部分在複雜的構造表象出來。」⑫這物或
體系就是魯一士稱為自我表象（self-representative）。從自我表
象或自我意識這有限的方面開始而推知無限的。我們對某種事物
有某種概念，這些概念與事物之間的關係也是無限的。

　　除了從數學的有限與無限的分別應用到闡釋理論知識觀之

---

⑩　見《世界與個人》卷 1，頁 517～518。
⑪　同⑩，頁 518～519。
⑫　〈無限的概念〉，頁 33。

外，如上面所簡略分析的，魯一士也把時間這個概念作爲論證無限必須存在的論據。就是說，他認爲闡釋理論與時間這概念有特殊的關係。任何符號都關涉到過去、現在的闡釋者，以及將來的被闡釋者。那麼，自我對這三方面的作用是現在的自我向將來的自我闡釋過去的自我。同樣地，在社會集團裏，人人彼此闡釋，而獲得互相認知有關過去，現在，與社會經驗和知識。這種社會時間是客觀或科學的，不斷地在進程中。魯一士在這點上的結論是：

> 這個世界，假如我的論點是對的話，是一種完全被社會範疇所支配的實在。例如，時間基本上是一種社會關係。現在是從過去的向未來的闡釋。在每一時刻，整個世界歷史的結果直到那時刻爲止，是總結並讓給將來以新的創造的闡釋作爲。⑬

這句話表明魯氏的闡釋理論把其知識論社會化了。知識的目標不是以尋求知識爲目標而已，而是通過闡釋過去，現在，與將來這三方面的歷程，以求達一個理想社會爲最終目標。

闡釋理論的第三特質是證實無限者的存在可從具體經驗去認知的。這就是魯一士對康德的物自體境界當做是人的知識所不能解答，因而是不可知的境界，加以批評和解答。換言之，康德不談這超現象的世界而變成一種不可知主義。魯氏卻把物自體世界

---

⑬ *The Problem of Christianity* (Chicago: University of Chicago Press, 1968), p. 344. 以下用中文：《基督教的問題》，頁 344。

與現象世界二元論改造成爲一元論，並認爲「物自體」這個概念
並不恰當，而確信在宇宙間有絕對無限之存在，這絕對無限的存
在可用辯證論證明的。我們各人的經驗只是片斷的，僅僅是絕對
無限經驗的局部表現。因而，從有限的經驗方面看，我們的無知
是限於每一個有限的意識，但我們的有限知識是在一全知無限的
根基裏面。魯氏說：

> 在宇宙間除了無限之外，沒有任何事物是絕對可信靠的
> ……我們知道無限者是唯一的，有意識的，……我們所認
> 知的僅僅是我們所經驗的。❹

這簡短引語指明魯氏認爲，從我們的具體經驗可以認知那超乎有
限闡釋者的無限全知闡釋者。魯氏又說：

> 任何人沒有正視過難題，神秘，與失敗等經驗的意義，不
> 知他自己生命的較完整方面的意義何在，也不知在有限與
> 患難之中的現有勝利經驗。因爲在與有限的勝利鬥爭中，
> 含着精神的完滿。❺

這也就是說，有限、不完整或錯誤必須有認知者的經驗才能悟解
的。換言之，有限，不完整，或錯誤的知識含蓄一位無限全知者
必須存在的意思。

---

❹　《近代哲學精神》，頁 345。
❺　《世界與個人》卷 1，頁 381～382。

（二）魯一士的眞理理論

闡釋理論的知識論觀，魯一士再三強調，是以尋求眞理爲思想的目標❶。在西方哲學的三種傳統眞理理論是：第一，符合理論（correspondence theory）；第二，實用理論（pragmatic theory）；第三，連貫理論（coherence theory）。

魯一士把第一理論，即符合理論解述爲：「眞理是我們的思想與獨立的實在兩者之間的一致。」❶但是，魯氏排斥這符合理論，因他認爲這種眞理理論是以主觀的方法爲證。就是說，所謂實在僅僅是思想者自己的內在確信，而把他自己的思想看爲與外在的實在事物互相符合。他爭論說：

> ……一個眞正的概念，與其外物符合，是毫無限制與物任何普通相似的程度……一個有關顏色的科學概念不必本身是一種顏色……或舉一簡陋的例子，一個對一條狗的眞正概念不必本身吠叫才是眞正的。❶

簡言之，魯氏認爲這種符合理論是一種內在自我證據的理論（self-evident）。雖則眞理概念與外物需要某些一致的關係，然而這兩方面的相似不能解答某些概念與外物兩者之間的其他方面關係（好比數學符號）。自我證據的含意是我們還沒有把思想與

---

❶ 見 "On Purpose in Thought" （〈思想的目的〉）in *Fugitive Essays*, 1920.

❶ "On Error and Truth" （〈錯誤與眞理〉）in *Encyclopaedia of Religion and Ethics* （《宗教與倫理百科全書》），1912.

❶ 《世界與個人》卷 1，頁 304～305。

外物之間的複雜關係充分地思考過。因而，從這理論的眞理來看，許多命題的意義終而不準確或完全錯誤。

　　魯一士對第二眞理理論，卽實用理論，也加以嚴厲的批評。他排斥好友詹姆士的眞理理論把眞理與效用視爲相等，這種眞理觀僅以個人主觀的經驗作爲證據。魯氏在這眞理論點上同意朴爾士，卽應以科學客觀爲證明效用的標準，如進化論、普通常識以及其他普遍地的確實眞理❿。他認爲詹姆士的實用主義眞理論點所涉及僅爲局部的眞理，非全部的眞理；好像別人的思維與物質世界，我們不可能從個人直接的經驗去證實的。還有，實用主義本身是依靠一種不可能以效用的標準而測驗的命題。這命題就是魯一士所確信的絕對眞理（absolute truth）的命題。最有趣的是，魯一士和詹姆士這兩位學術上的摯友，並不因爲在眞理論點的差異爭論，而影響各人的獨立思想和立場；事實上，這兩位傑出的思想家自始至終互相敬佩並保持純潔的友誼。

　　第三眞理理論是連貫理論，這就是魯一士所主張的眞理觀。這連貫主義眞理論點所着重的，不像符合理論以概念與事實互相一致爲眞理的標準，也不像實用主義以眞理與效用相等爲標準，而是以概念之間的互相連貫爲標準。連貫理論的眞理觀是傳統理性思想家所強調的。他們認爲，在一體系之內，所有的成分都是彼此相關。就是說，一個命題或陳述是眞或假，全以它是否與這體系內的其他命題或陳述互相連貫爲裁決的標準。魯一士的眞理觀是一種連貫理論。

　　魯氏並不否認眞理的實用性。他曾經稱自己的觀點爲絕對實

---

❿　見 "The Eternal and the Practical," *Philosophical Review*, XIII (1904), p. 131.

用主義(Absolute Pragmatism)❷，因爲眞理的尋求是一種爲實用的企圖。但是他認爲，我們知道有些眞理並非從所假設得來的效用，而是從某些邏輯的定律（principles of logic）或理性的原則（principles of reason）。魯氏批評詹姆士的實用主義以及杜威所謂工具主義的眞理理論，因爲他們把眞理視爲是相對，無絕對的標準可言。也就是說，他們把眞理當做與人及其經驗和情況相對的。但魯一士的主張是，我們的知識與行爲都是建立在某些邏輯的定律基礎上，這些邏輯或理性原則是自證的，並是彼此連貫。在人類知識的許多方面，一個命題或陳述的所以眞確是根據它與那些自證定律互相連貫。因而，否定絕對眞理的存在必須本身是一種絕對眞理，爲證明絕對眞理的存在並且是人所能理解的，魯一士舉古典幽克里得（Euclid, 西元前約300年）的定理爲例。按照幽氏的定理，在整列的序數沒有所謂最後的序數，假如有最後的序數，那僅僅是最後序數的另一個序數。幽氏證明這定理的眞理之論點是：否定這個定理含着這個定理爲眞理的意思。這就是魯氏認爲一個絕對眞理的古典例證。

上面曾提過魯一士運用德德肯的無限數字作爲解述他所強調的無限理論。從魯氏的眞理理論立場看，現代新數學和新邏輯使得人類思想理解絕對眞理的必要。雖則我們的每種經驗的眞理是相對的，然而一切相對的眞理必然從絕對的原則之角度去解釋。對於這些邏輯的定律和絕對的原則，魯一士說：

　　無論何種行爲，無論何種行爲的方式，無論何種活動的結

❷　見《魯一士的主要著作》卷1，頁 813。

果，無論何種觀念的構造，要排除它們〔即邏輯定律〕，或想排除它們，邏輯地的含意是，它們在經驗上與實用上確實是我們所認知的（因為我們注意到它們的存在，並從行為學知它們）；並且它們也是絕對的。任何辯解成功地把它們說明是什麼，便有其絕對真理。那真理是一種「建造」或「創造」，因為活動測定了它的本質。它被我們「尋找到」了，因為當我們行動的時候，我們注意到了。**㉑**

這段話指明，按照魯氏的見解，我們的知識和行為是建立在一種自證和連貫的原則之體系上。

　　一九〇八年魯一士曾經在國際哲學學會宣讀一篇關於真理問題的論文**㉒**。在這篇論文中他 提出現代的 真理理論的 三種動機 (three motives)。 第一動機， 真理是人 類尋求與客 觀環境適應，一切人類的活動是為保存與增富自然的生存。大體上說，這是一種在英、美、法、德等國家所流行的人本主義 (Humanism)，包括工具主義。真理是因人的需要而改變，也可說是一種進化論的歷程。那麼，這種真理觀是相對主義 (Relativism)，僅有所謂多元的真理，而無普遍的絕對真理。

　　當代真理論說的第二動機，據魯一士的觀察，是在歐美盛行的個人主義 (Individualism)。 這是十九世紀的德國思想家尼采 (Friedrich Nietzsche， 西元 1844～1900 年) 所頌揚的觀點。

㉑　《魯一士的主要著作》卷 2，頁 813。

㉒　同**㉑**，頁 681～709; "The Problem of Truth in the Light of Recent Discussion," An Address Delivered Before the International Congress of Philosophy at Heidelberg, Septemper, 1908.

這第二動機有了多種的分派，並有廣泛的影響力。這動機的着重點是：從反面說，反抗外在的權威（external authority）；從正面說，爭取個人的內在自由（inner freedom）。因而，眞理是從個人的創造活動尋求得來的。魯氏對這兩種動機的眞理觀對現代人的需要各有其優點。第一動機着重個人在生理與心理上適應他的自然世界，第二動機着重個人內在意識的構造爲尋求眞理的根據。在這分別論點上，魯氏表示同意。但他對這兩種互相交織的動機的主要批評是這兩種動機都忽視一些絕對眞正的命題。

第三動機是魯氏所謂科學良知（scientific conscience）的眞理論，因爲他認爲，從現代的新邏輯和科學可以證明有絕對眞正的命題（absolutely true propositions）。如上面所提的幽克里得的定理，與德德肯的新數學體系。這些新科學良知理論並非一般人所看爲僅僅是純粹唯理智主義（Intellectualism），其動機是強烈地實際的。魯一士說：

> 當我們與任何一種嚴肅的研究有較近的接觸，我們看到其
> 動機引起了每一位誠實和沉思的探究者的興趣，他確實領
> 會這動機……這動機引起我們注意的眞理觀念，非其他兩
> 種動機所能充分地表現的……總言之，在近代探究中，這
> 第三動機已經引導我們一些新穎眞理的發現，這些新穎眞
> 理是我們一切思想與一切活動的基本關係所信賴的。㉓

簡言之，魯一士認爲，這第三動機，除了其實際性之外，更重要

㉓ 《魯一士的主要著作》卷2，頁 689～691。

的是這些從新科學和新邏輯所發現的眞理含蓄一種絕對眞理。這就是他稱自己的眞理論爲絕對實用主義的爭論點。但是，魯一士在這篇有關眞理問題的論文提醒讀者，這當代的三種動機的眞理論點並非彼此相反，因爲從深處方面看，它們可以綜合爲一，卽在一切相對，局面，和短暫的表現，有一普遍永恆的意志，其定律是邏輯、倫理、統一的經驗，以及賦予生命意義㉔。

三、結　　語

魯一士的知識論，從上面所簡述的，指明他對這重要的哲學問題的重點與傳統知識論的重點不相同。近代知識論的爭論點着重在知識的來源，可用下面圖表總結：

理性　　　經驗

十七世紀的思想家以理性爲知識最可靠的來源，並用演繹推論爲尋求知識的方法，數學是被視爲一種典型的科學因其具有普遍性的特質。相反的，十八世紀思想家强調感覺經驗爲知識的來源，並以歸納假設爲尋求知識的方法，心理學及其他試驗科學被視爲研究的主要科目因其注意個別人的重要性。十八世紀大哲人康德把這兩種知識論，卽理性主義與經驗主義，加以綜合調和，而把

㉔　見《魯一士的主要著作》卷2，頁 708。

知識解釋爲經驗理性化的新定義。這定義有明確的含意，知識僅限於現象世界由經驗理性化認知，至於超現象世界的形而上境界是超乎知識之力所能及的。

魯一士對康德在這兩種對立的知識理論的精細分析和調和極爲稱讚，然而他把自己的知識觀點轉向康德所不注意的方向，而創造他所稱的闡釋理論知識觀，可用下面圖表總結：

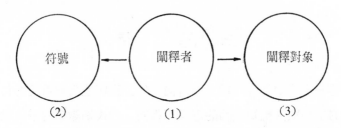

（2）符號　　（1）闡釋者　　（3）闡釋對象

這就是魯氏的闡釋理論三關係：闡釋者(1)把符號(2)闡釋給另一個人或闡釋的對象(3)。這闡釋理論是感覺經驗知識和理性概念知識的綜合，其特質是：闡釋理論的知識是社會性的，因它包含着與其他認知交往的意思；無限的闡釋意指與證明有無限者之存在；這無限者可從具體經驗認知去解答不可知論的問題。

與知識來源相關的問題是知識的可靠問題，也就是所謂眞理論，再用圖表總結如下：

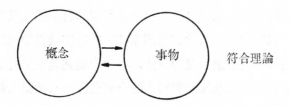

概念　　事物　　符合理論

符合理論的眞理觀是認知者的概念在一陳述或命題所表示的與外在獨立的事物互相符合。

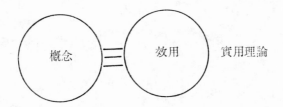

實用理論的眞理觀把一個概念或一種信仰與其所發生的效果認爲相等。

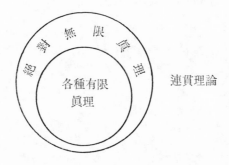

連貫理論眞理觀是魯一士所主張的。他認爲一個有限的概念或命題是眞正，假如它與一整個體系裏的邏輯定律或理性原則互相連貫，並與他所確信的絕對眞理連貫。這連貫理論與符合理論及實用理論並不相對立，而是補充這兩種眞理理論的缺點並把它們的範圍擴大。這是魯一士站在絕對理想主義立場上的結論。

　　但是，魯一士強調，知識的目標非以尋求知識本身爲目標，其最終目標是爲實現一個理想的社會。他的倫理與社會學說是下一章的題目。

第四章　魯一士的倫理學

一、對傳統倫理學說的批評

　　魯一士哲學的四大課題是: 形而上學、知識論、倫理學、與宗教哲學: 前兩課題是理論方面的探討, 後兩課題是應用方面的探討。早在一八八五年間世的《哲學的宗教方面》這部書, 他就關注到倫理和宗教這兩方面的問題。實際上, 這部書的內容是討論這兩種哲學的實際問題, 其前一半是討論關於一種道德理想的尋求, 後一半是關於一種宗教眞理的尋求。在這部書的開始, 魯氏清楚地聲明, 宗教哲學與倫理哲學不同, 因爲它與一種理想互相關係。因而, 他認爲在討論宗教哲學之先, 應當把倫理問題加以研究❶ 。

　　倫理的基本問題是什麼? 魯氏回到歷史上的道德思想家對於道德理想和辨別的性質所主張的觀點大不相同。就是說, 歷代的倫理學家找不到一種對於道德辨別可接受的理性辯解。他把各種不同的道德論點分爲兩派, 卽他所稱爲倫理實在主義 (Ethical Realism) 與倫理唯心主義 (Ethical Idealism)。按照魯氏的解析, 倫理實在主義者是根據 外在的事實作爲 道德是非辨別的辯解; 相反的, 倫理唯心主義者卻堅持以內在意識 (inner con-

---

❶　見《哲學的宗教方面》, 頁 18。

sciousness) 作為善惡是非辨別的辯解。這兩相對立的倫理立場，魯一士認為各偏向一方面而已。就是說，倫理實在主義者偏重道德的客觀性和建立依據事實的道德判斷標準，而忽視個人的道德理想之尋求；倫理唯心主義者卽偏重個人的內在意識各自追求道德理想，而忽視道德的客觀基礎。因而，魯一士對這兩種倫理理論的批評是：倫理實在主義的錯誤是把道德價值問題變成為事實的問題，卽把我們應該怎樣（what ought to be）與應該做什麼（what ought to do）的問題變成為我們是什麼（what we are）與我們做了什麼（what we have done）的問題了。倫理唯心主義的錯誤是把道德的理想視為個人的主張，因而產生對道德辨別原理的各種衝突。魯一士對這兩種倫理主義，一偏外在的事實與一偏內在的自我律，所正視的問題是找出一種調和的中間理論❷。

　　上面所提這兩種倫理主義的爭論是有其長久的歷史。魯一士乃從倫理的歷史上挑出幾個倫理學派加以批評。現在把魯氏所提出的幾個倫理學說簡述：

　　第一，古希臘的倫理學說：從倫理方面看，這是所謂倫理懷疑主義的時代，這懷疑主義是針對着當時盛行的倫理理想，認為理想是一種慣例，私人的判斷，以及是由神靈所強迫的。魯氏從柏拉圖的傑作《共和國》對話篇引例，為道德辨別建在道德基礎上而辯護。當兩位青年求教柏氏的代言人蘇格拉底（Socrates, 西元前470～399年）解答他們的疑問：假定神靈是有權力強制某些道德律，這是否為善與惡的真正辨別；還有，如何替他們為正義

---

❷　見《哲學的宗教方面》，頁 20～31。

（justice）這主要德性辯護，其本身的價值何在，並怎樣分別正義與不正義的差異。但是，據魯一士的意見，在《共和國》裏的解答雖是高尚，卻不充足。柏氏無疑地覺得要提供一種理想正義的獨立基礎是一個難題❸。換言之，蘇格拉底未曾供給爲何正義在本質上是理想的德性。

　　雖則亞里斯多德在具體的倫理問題上有其重要的貢獻，然而對於魯氏所關切的這問題，即辨別善惡與是非的理性辯解的問題，並無其貢獻。魯氏認爲唯一的倫理學派在這點上有其高尚的倫理理想是斯多亞學派（the Stoics）。這學派提供的新思想是，在宇宙間存在一種理想的普遍理性（universal reason），一切人類在這普遍性都是平等的，並應該遵循它。每一個人是具有理性，他的義務是實現自己與別人的理性。雖則魯氏稱讚斯多亞這種崇高的倫理理想，可是他認爲它在理論方面有其缺點，因爲要把這理想實際地在人世間實現必須具有某種連結的力量❹。

　　第二，基督教的倫理：魯一士從傳統的希臘倫理轉向基督教創始者耶穌的倫理。耶穌的道德是建在神學的基礎上，因而與希臘思想家以倫理觀爲哲學基礎不同。魯氏認爲，耶穌的中心思想是強調宇宙存在一位上帝、祂是眾人的天父的這種神學道德觀。耶穌在這點上比起舊約時代的先知們多了一種更加高尚的普遍理想，因爲他不像先知們把耶和華（Jehovah）僅僅限制於其選民以色列族而已，卻把人人視爲天父的兒女（Fatherhood of God and brotherhood of men）。耶穌的上帝也不像斯多亞學派所着重的主張，即普遍理性雖充沛在宇宙間卻與人毫無關係。相反

---

❸　見《哲學的宗教方面》，頁 34～37。
❹　同❸，頁 38。

的，耶穌深信上帝是愛世人的天父，每個人都有愛上帝以及愛人如己的道德義務。一切善行是建立在這種愛的關係基礎上，因各人是上帝的子民，他的行爲是以愛上帝與愛人如己這雙層的愛爲最高的道德標準。無疑的，這是前無古人的一種新透識的教義。

雖則魯一士對耶穌的崇高理想極爲稱讚，然而他提出從哲學理論方面的一些疑問：假如一個人不愛他所看見的鄰人，他怎會愛他看不見的上帝？是否愛一個人的同伴的義務爲先，而愛上帝的義務爲次——假定他相信上帝的話？從神學方面看，上帝愛世人，因而人要愛上帝的理想原則是什麼？ 等等問題。簡言之，魯一士覺得，基督教的倫理原則是神學所不能提供一種理論的保證。對這理論辯解的缺乏，魯一士發問說：

> 假如基督教倫理從實際方面看是最高尚的，我們是否應該更深一層尋獲這榮耀的組織所建立的理論基礎是什麼？ ❺

上面所提關於傳統的希臘倫理和基督倫理簡述，魯一士提出倫理的基本困難，就是抉擇道德理想的原因的困難。但是，倫理理想的爭論不限於古代倫理學史，魯氏對近代幾種倫理學說的爭論也加以略述和批評。

第三，良心倫理學說： 魯一士引十八世紀英人巴特力主教（Joseph Butler，西元 1692～1752年）爲這學說的代表。巴氏認爲，自愛（self-love）與仁愛（benevolence）是兩種德性。但指導道德行爲的最高原則是與生具有的良心（conscience）。這意

---

❺　《哲學的宗教方面》，頁 46～47。

思是，人的本性爲善，一切道德行爲均由他天生的良心所指揮。

　　有趣的是，巴氏的良心學說與中國先秦大哲人孟子的倫理哲學相近。孟子從四端去闡明人心說：「惻隱之心，仁之端也；羞惡之心，義之端也；辭讓之心，禮之端也；是非之心，智之端也。」❻ 雖則巴氏的倫理觀與孟子的倫理體系有許多不同（這非在本書範圍之內），然而他們的相同點是，人天生賦有一種辨別善惡與是非的良心。

　　魯一士對於巴氏所代表的良心學說，也稱爲道德感學派（moral sence school）的批評是：良心是一種道德情緒，但這種道德情緒很難與其他無關道德的情緒分別，他舉我們因平常在生活上有不合禮節或風俗習慣與道德無關的行爲而發生羞感爲例。還有，假如個人之間在不同的文化有了不同的良心彼此衝突，在這種情況之下，良心學說就要從良心之外來裁判這些互相衝突的良心。魯氏說：「一個人爲什麼應該服從他的良心除非他自己願意的話，這並非良心單獨所能解明的。」❼ 他又說：

　　　　我們堅持，道德家的首要問題之一應該是，爲什麼在任何情況都是對的。或者，把這情況從另一方面看，倫理理論應當告訴我們，假如一惡魔准許惡魔的行爲，爲何這惡魔的良心仍然是錯的。❽

簡說之，魯氏認爲這良心學說所缺乏的是一種道德的辨別之理性

---

❻　《孟子・公孫丑上》，II上22。
❼　《哲學的宗教方面》，頁56。
❽　同❼，頁 57。

辯解。

魯一士在《哲學的宗教方面》書中的第四章討論利他主義 (Altruism) 與自我主義 (Egoism) 這兩種倫理觀。顯然,這兩種倫理觀的含意是,利他或自然從道德方面看是對或不對。魯氏提出三種在十九世紀流行的倫理學說加以述評:樂利主義學說 (Utilitarianism)、進化論學說 (Evolutionism) 和同情學說 (sympathy)。

第四,樂利主義,也稱爲普遍快樂主義 (Universal Hedonism):這是英國倫理學家賓旦姆 (Jeremy Bentham, 西元1748~1832年) 與其繼承者米爾 (John Stuart Mill, 西元1806~1873年) 所主張的倫理觀。他們認爲人的本性是尋求快樂避免痛苦;因而,人生的最高倫理理想是以追求最大多數人的最大快樂 (the greatest happiness of the greatest number)。這倫理目標不僅是利他也是利己的觀點,因爲最大多數人包括行善的個人。就是說,一個人的行爲產生使人快樂的結果,不單是利他,自我亦因善行而引起快樂。

魯一士對這樂利主義的批評是針對人的理想以追求快樂,因爲把快樂認爲是人生的理想有了內在矛盾的含意。從心理方面看,一個人蓄意地追求快樂往往有妨礙快樂的挫折。還有,從人的本性方面看,我們對道德理想的準確性並無任何事實支持,快樂是超過其他道德理想,如忠實、博愛等。簡言之,據魯氏的見解,快樂主義,不論從普遍方面或自我方面看,都是難以置信的倫理學說,也可說這是他所排斥的倫理學說。

第五,進化論主義: 在魯一士時代的一種極爲盛行的倫理學說是十九世紀英國大哲人斯賓沙 (Herbert Spencer, 西元1820~

1903 年）所提倡的進化論主義。這進化論倫理學說的中心思想
是：人的社會與物質環境是跟從由低層往高層的生活方式，不斷
地進化的定律；因而，這種客觀事實的目標就是我們道德律的目
標。很明顯的，這學說是一種倫理實在主義，道德辨別的辯解是
根據外在世界而定的。

魯一士對進化論倫理學說的批評與對樂利主義的批評一樣嚴
厲。因為，正如樂利主義把事實與道德這兩不相同範疇混亂了，
卽以人的本性是尋求快樂，他也應該以尋求快樂為人生的理想；
相似的，進化論說把為未來與現在應該盡的義務這兩種不同的時
間混亂了，卽以朝向未來的進展目標比當前應盡的義務視為更加
重要。魯氏對進化論倫理學說的批評是：

> 進化，僅為一種展望，對於義務的真正和基本的意義無何
> 啟發的作用……除了我們知道我們的義務之外，單是物質
> 事實的進化，在道德上的高些或低些，好些或壞些，均無
> 何指示。⑨

這段話的含意是，按照魯一士的見解，任何倫理學說以科學事實
為基礎不是倫理學說，因為那些研究進化論者所要實現的倫理學
並非我們所尋找的倫理學說⑩。

　　第六，同情學說：上面所提的兩種倫理學說：樂利主義與進
化論主義，均把利他當為達到利己目的的有用方法。現在魯一士
轉到這同情學說以純粹非利己為自證的行為（pure unselfishness

---

⑨　《哲學的宗教方面》，頁 76。
⑩　同⑨，頁 85。

a self-evident goal of conduct)。他舉叔本華爲近代最得力的代言人，把叔氏的同情學說大意略述。同情或憐憫　（pity）不僅是人唯一非利己的情緒，並且是高上一層透視的表示。一個人的憐憫或同情在本質上是他自己與其鄰人合成爲一的感覺⓫。

　　但是，魯氏對叔本華這種同情倫理學說發生疑問：從倫理方面看，憐憫與非利己這兩方面是相同嗎？同情能够作爲利他主義的基礎嗎？魯一士對叔氏的同情學說的批評是：憐憫本身是一種不完全明確的衝動 (impulse)，道德的行爲並不直接地依靠那種衝動。雖則我們對別人的受難一時有了憐憫的衝動，覺得他的苦難是他自己的，而非我的苦難。但是無疑地，別人的苦難也使得我發生痛苦的感覺。以魯氏的觀察，大多數人對憐憫反省之後並非利他，而是：「很簡單的格言：擺脫你的鄰人所使人感覺的痛苦。」⓬換句話說，假如一個人是軟心腸而有同情感，這種同情感不一定是爲了他的鄰人，而是爲滿足自己的慈心。因而，魯一士對於這種倫理學說的攻擊是，同情的情緒不一定是利他的，卻往往是很自利的一種情緒，因而把它視爲一種道德行爲的充分原則是難以信賴的。

　　從上面所提魯一士對這些傳統倫理學說的衝突和爭論，以及每種學說不能提供在道德辨別的理論辯解，而認爲其結果是走上道德懷疑主義 (Moral Skepticism) 的途徑了。魯氏說：

　　　　我們已經到了道德懷疑主義的根底了。道德懷疑者最壞的
　　　　論點是，一切理想的抉擇都是一種偶然任意的，理想沒有

⓫　《哲學的宗教方面》，頁 85～86。
⓬　同⓫，頁 96。

根基，僅是一種任意而已，並且，一種道德律的成功傳播
是完全依靠個人的說服力，他湊巧得着這種道德律而加以
講授。⓭

按魯氏的觀察，這段引語所含的問題已不僅僅是理論上的問題
了，而是日常生活的問題，卽理想的選擇已成爲在朝三暮四反覆
無常的混亂和悲觀的狀態中了。

但是，懷疑主義的意思是什麼？魯一士的回答是：假如它是
一種非反省，自我滿足的懷疑主義，這是思想致命的意思。但如
果懷疑主義是一種自我批評的懷疑，這就是哲學的生命之血。他
說：

> 絕對的倫理懷疑主義，假如確實地可能不自毀的話，還要
> 預先假定一種目的，就是說，爲調和人生世界一切衝突的
> 目標而努力……絕對的倫理懷疑主義將建立在絕對利他的
> 基礎上。它本身的目標將是行爲的調和與統一。⓮

魯氏憑着這種積極的信念，卽傳統倫理學說的爭論與衝突所產生
的道德實際困難問題是可以克服，而侃然地創造他自己的倫理學
說。

⓭　《哲學的宗教方面》，頁 127。
⓮　同⓭，頁 138。

二、自我實現

　　魯一士對上面所提的幾種傳統倫理學說的衝突曾在《哲學的宗教方面》這部書中加以解答，這是他初期的倫理學說。他從兩互相關係的方面解析，簡略地說：

　　第一，**道德透視**（moral insight）。大體上說，爲什麼人的利己比利他的行爲較爲容易。照魯氏的觀察，因爲實現個人自己的未來和滿足個人對未來的欲望，比去實現別人的較爲容易❶。但是，他認爲，假如一個人是理性和反省的話，他會咎責自己的自私爲不道德，道德透視的本質能使人對那些存在的衝突意向加以調和的意志。那麼，假如道德透視是直接關切我自己與我鄰人的意志，這種透視含有行動的意志，把我與我的鄰人視爲有共同的目的。還有，道德透視是站在反對倫理獨斷主義的立場，因爲獨斷主義者所堅持的目的爲唯一的目的是錯誤的。魯氏說：「要得到道德透視，你必要有對於兩種或多種的衝突學說索取其眞理的意志。有了這種意志，道德透視是必然的結果……。」❶ 意思是，一個人的意志是獲得道德透視的必需條件。但是，這種道德透視只是初步，一個人有把其道德透視的經驗擴充給別人的道德義務（moral obligation）。魯氏就舉出與道德透視互相關係的所謂另一方面。

　　第二，**生活的團結**（organization of life）。道德義務有兩種，一種是形式與臨時的，另一種是永久的。第一種是培養他所

----

❶　《哲學的宗教方面》，頁 146～147。
❶　同❶，頁 170。

謂道德態度（moral attitude），由不同的人產生某種道德意欲感，作更進一步去追求至善的知識。這最初步的道德責任，是彼此尊重各人爲理性與自主的行爲者⑰，第二種永久性的責任是把人人團結爲一，這就是魯一士所謂「共合體」（community），在這共合體裏面，每人以客觀、不偏見、不自私、緊密地團契在一起。簡言之，魯氏自說：

> 美、知識與國家是三種理想的對象，確實地要求那些爲其服役者，彼此融洽，不自私、全心地不以個人爲利的忠誠。⑱

上面所簡述的是魯一士初期三十歲寫的《哲學的宗教方面》這部書前半所解釋的倫理觀點。他的倫理學說系統是在二十多年後才完成。

二十世紀開始後，魯一士對他早期的倫理觀重新加以系統地陳述。雖則在過去二十多年期間，他曾經發表不少有關倫理方面的論文。然而最重要的倫理著作是《忠的哲學》與《基督教的問題》，這兩部書先後在一九〇八年與一九一三年問世。魯氏的絕對理想主義形而上學體系早在一九〇〇年的《世界與個人》這兩部巨著充分地申述。但是他認爲，形而上學的最終目標是爲着建立一種理想社會，因而他晚年的思想重點是把他的形而上與知識這兩方面的理論應用到倫理與宗教哲學這兩實際問題上。

魯氏把其理想的社會稱爲闡釋的共合體（community of

---

⑰　《哲學的宗教方面》，頁 146。
⑱　同⑰，頁 212。

interpretation)。所謂共合體，以魯氏的意思，不是一種羣眾、庶民或偶然而集合，而是由一批特殊的個別人，他們彼此有共同的概念與目標而集合在一起的團體。這共合體有其可回憶的過去歷史以及對未來的企望，並是共合體裡的每個分子所公認的。魯氏這個共合體的概念曾引起美國哲學思想界的注意和評價，雅魯大學哲學教授史密斯（John E. Smith, 西元1921~）的解釋是：

> 共合體這個概念，照他〔魯一士〕所了解的，是近代思想接受了最含有深意的哲學觀念之一。魯一士運用它尋求作爲闡釋形而上學的最深爭論點，知識論的最深奧問題，與宗教的最深疑問。並且這是他倫理學的焦點，從他的觀點，因爲人類的整個道德事業是在這共合體明晰地表現。⑲

這段話指明共合體這個概念在魯氏的哲學，尤其實際方面的倫理與宗教哲學上的重要性。實際上，這是他晚年所極爲關切的問題，即如何把闡釋理論的三面關係——符號與闡釋對象與闡釋者這三方面——應用到人類當前所正視的迫切道德問題。魯氏對建立這共合體的理想社會的闡釋，在下面第五章第四節討論。

簡言之，闡釋的活動不僅是一種邏輯的理想，也是一種倫理的理想。魯氏同意朴爾士，認爲邏輯是規範科學（normative science），其目的是決定準確思維的某種標準，然而其最終目的或理想是爲促進人類交談的合理、明瞭與連貫。這是一種倫理學。因而，據魯氏的主張，闡釋在尋求自我以及人與人之間的交

---

⑲ *Royce's Social Infinite*, by John E. Smith (Anchor Books, 1969), p. 3.

往有其重要的作用。在他的知識論，魯氏強調感覺和觀念這兩種步驟不能充分解析一個人的生命計畫，必須從闡釋這第三知識來源才能使一個人尋求他的生命計畫。尋求合理和連貫最終是一種道德的尋求，因而自我實現 (self-realization) 是魯一士後期的倫理中心概念。

　　魯一士從三方面去解說自我這個概念，第一，**邏輯自我** (logical self)：這雖是一種抽象的概念，然而是任何有意識反省所必須預先假定。就是說，「我」是一個主體，非客體，是認知者。第二，**經驗自我** (empirical self)：這第二方面所包括的範圍很廣，卽一個人的全面活動，不單是內在的感覺，並是多種的外在社會關係，以及他的過去與未來的活動。但是，魯氏認爲這兩方面的自我分別是太抽象與易變而不穩定，不配稱爲名副其實的自我同一 (self identity)，而必須發現一個人的更高自我性格的成熟經驗[20]。

　　因而，魯一士對於自我的第三方面的解釋是**理想自我** (ideal self)。這理想自我，或高一層的自我與上面所提的邏輯自我和經驗自我不同。所謂理想自我不是天賦的自我，乃是一個人必須下工夫求達其成就的自我。換言之，這理想自我是一個成熟的人採取一種生活計畫並自願地承擔高一層和永久性的自我。魯氏把這理想自我認爲是一種倫理學說最重要的自我意思。他說：

　　　假如我們對某一個人徹底地觀察他是誰，我們所注意的是
　　　他在生命中的多種遭遇經驗──他本身在場，他的官能感

---

[20]　《世界與個人》卷2，頁 256～265。

覺，他的名字，他的社會地位，以及他對於過去的回憶。
可是這些都無任何特殊決定的重要性，我們也不表示他是
怎樣的人。但是，當我們，在一個人的道德無效的困惱
中，……我們將緊要地運用命令式的情緒告訴他說：「作
一種計畫；給你的目標有一種統一性；給你的生命意向某
種的確定性；在你眼前建立一種理想。」我們想像，在那
些情況下，自我能夠以目標，生活計畫的連續性，並自願
以機會的經驗服從一種所堅定地着重的理想。**㉑**

明顯的，魯一士在上面所引的這段話認爲，人是倫理的觀念。人
不是物 (thing)，而是有感覺能力的實有 (sentient being)，並
是體現在一種意識生命裏面的意義。我是一個自我，非任何別個
人。那麼，要達到自我實現，魯氏提出兩種條件或因素：第一是
自我的自由意志 (freedom of the will)，第二是自我的道德義
務 (moral obligation)。現在把這兩個互相關聯的倫理課題簡
述：

第一，自由意志：人究竟有否自由意志？這是西方倫理史的
一大爭論問題。從猶太基督教的傳統，人的自由意志是造物者上
帝所給的恩賜；雖則上帝是全知全能的創造者，祂並不干涉人所
意向的言行，而使人有自由選擇的權利。歷代基督教信徒有不同
的解釋，然而道德行爲是人自己應負起的責任。從古希臘的倫理
傳統，舉亞里斯多德的倫理爲例。亞氏把人解釋爲理性的動物
(man is a rational animal)。因而，人的目標或最高理想，是

㉑ 《世界與個人》卷 2，頁 288。

對自我各方面的平衡發展，尤其以發展理性的選擇（rational choice）爲最高層。

　　魯一士在這點上的問題，不是人有無自由意志，因爲自由意志是人們的獨特所有權。自我是一個別人、自由人。魯氏的創新見解是從心理學去「證明」人的自由意志，就是他所稱爲注意力理論（doctrine of attention）。這注意力心理的概念如何解釋，魯一士說，注意力是：「在一種經驗的歷程，促進我們目前的興趣。」❷因爲注意力能使我們的意識增加明確性與統一性，而減少複雜和紛亂。換言之，據魯氏的見解，當我們對某些事項發生特別興趣，這些事項在我們的腦中便更加清楚，更加明確。這注意力使得我們的感覺器官與所興趣的事項發生密切的關係，而能夠把那些會干涉我們集中注意的事項抑制。魯氏對這個注意力的心理概念不僅是作爲自我的自由意志的解釋，並且是自我的自由意志的預先假定。這就是說，注意力理論使得我們能夠解析人如何抉擇他的行爲，雖則這理論不能解析我們爲何挑選那些行爲。魯氏又說：

> 注意是由你在時時刻刻的行爲範圍內所認知的爲引導，並由你的知識範圍內所行的來決定。並且，正如詹姆士教授所成功地指出的，以及如我們在這幾篇講文從開始所保持的，每一種自願行爲的中心特徵，每一個有限生命的基本原則，都是一種注意的歷程。❸

---

❷ *Outline of Psychology* (New York: Macmillan, 1903), p. 261. 以下用中文：《心理學大綱》，頁 261。

❸ 《世界與個人》卷 2，頁 354。

一個人在某件事上加以注意，好比想做貪污以求利的事，其注意
力可能使他從多方面考慮：他這貪污行爲被發現的可能性，他自
己的人格正直問題，他對於別人的本分，等等因素。這種集中
注意力使他抉擇去做所想要做的貪污行爲，或制止這貪污行爲。
這說明魯一士認爲，自我的自由意志是以注意力這心理概念爲例
證。但是，這種以心理爲根據的意志怎樣解釋一個人所抉擇的行
爲與其道德責任的關係，對於這問題的答案就是魯氏所關切的自
我的道德義務。

　　第二，自我的道德義務：自我的自由意志這個倫理概念含有
自我的道德義務的意思。就是說，我們對於所自願選擇的行爲
應當負起道德的職責。魯一士把道德義務的意義及其範圍分爲兩
種：第一種不是一個人所應當負的責任，因爲我們各個別人均受
本性及時間空間的限制，而僅能在有限的某些事項加以注意和反
應。那麼，對於那些超乎本性所限制的範圍便不能負起責任。
第二種是那些行爲在我們能力範圍內可加注意而處行、發展或抑
制，然而這些在能力所能及而疏忽的行爲是我們應該負起的義務
❷。

　　那麼，我們如何辯解所盡的道德義務是對的（right）呢？魯
一士在這問題上的解答是把正當這倫理概念與善（good）這倫
理理想聯繫起來。他認爲，正當的行爲道德義務與善互相關係，卽
自我實現是一個人達到善的理想的道德義務。善是倫理的基本概
念，正當行爲是善的實現。實現善這個理想是任何主張自我實現
者所公認爲一種普遍的義務原則，並自認爲責任所在應當追求的

---

❷　《世界與個人》卷2，頁 57～58。

目標。換言之，據魯氏的觀點，道德義務在大體上的原因是以實現善這倫理理想為目標，正當行為是為完成一個理性和自願道德行為者的最高目標，這些正當行為志在自我實現是應當和必須實踐的。

現在西方倫理學對於義務這個概念的兩種爭論觀念：第一是所謂義務理論 (deontological theory)， 這理論主張某些行為本身是正當的，具有道德義務，與其所產生的結果並無關係；第二是目的理論 (teleological theory)，這理論主張正當的行為是直接或間接產生善， 或善多於惡， 或至少善惡平衡的結果。 魯氏對這兩爭論觀點的反應是，善使一種行為正當是在行為本身，而不僅是一種結果。因而，魯氏認為對於某種行為的評價是從三方面看： 第一， **行為的動機** (motive)；第二， **行為的目標**；第三，**行為的確實或企望的效果**。以他的見解，我們對於一切道德的判斷都是以一個道德行為者的動機和目的是否在大體上為着實現自我的欲望，無論其行為所產生的結果如何❷。無疑的，魯氏在道德義務這論點上與康德的倫理觀頗為相似，也可說他受康德的影響： 他的自我的自由意志與後者的「自律意志」(autonomy of the will) 相近；他的自我的道德義務與康氏的「絕對命令」(categorical imperative) 相似。

魯一士屢次提醒讀者，人是社會人羣之一，自我在多方面是受社會的影響。他說：

　　我，雖是社會人羣之一，不斷地需要我自己向我的社會世

---

❷　見 *Fugitive Essays*, Ed J. Loewenberg (Cambridge: Harvard University Press, 1920), p. 206ff.

界求教。我的同志，我的師長，我的對手，是的，我的仇
敵，教導我所欲望的是什麼，通過仿效，我終於學習自
主。通過我的社會溫順，我達到我的獨立。我的眞正自由
權，如果能達到那種自由權的話，將是因爲我能夠從社交
與跟別人學習的事實，知道我自己所要的是什麼。㉖

這句話說明自我在社會生活的多方面是息息相關的。但是，魯氏
認爲，判斷行爲的責任是在每個道德行爲者的身上，卽他所謂自
我的道德責任。他又說：

沒有外在權威……對一種行爲是對或錯能提供任何原因。
唯獨一種冷靜和理性的觀點對我自己確實地所意向的——
唯獨這觀點才能決定這個問題。我的義務單純地是我的意
向，由我的清楚意識帶給我的，那我能夠正當地認爲爲我
是善的，單純地是我自己最深的欲望明確地擺在我面前的
視野。㉗

再者：

倫理價值……是屬於一些單純的行爲，卽按照我們對那些

㉖ *Urbana Lectures*, Lecture 2, p. 1; quoted in *The Moral Philosophy of Josiah Royce*, by Peter Fuss (Cambridge, Massachussets: Harvard University Press, 1965), p. 174. 以下用中文：《魯一士的道德哲學》。

㉗ *The Philosophy of Loyalty* (New York: Macmillan 1908), p. 25. 以下用中文：《忠的哲學》，頁 25。

行爲是否遵從一種已經被接受的目標而作判斷。爲得使我
的應有的倫理價值，我必須有那些我所接受過的目標，或
理想。根據這些理想，我必須判斷我自己的行爲。㉘

魯氏在這兩段引語的意思是，因爲自我有自由選擇的意志，那麼
當他選擇他自己的生命目標或計畫，他所選擇的就是自己的道德
義務的基礎。換言之，決定個人行爲是或非的標準是憑着他個人
所自願承擔的義務，雖則人與人之間往往互相判斷，好比一位師
長對其學徒在學業上疏忽而失敗的判斷、然而，最終被判斷的
學徒必須從自己的經驗承認所被判斷的正確性並加以反應。就是
說，人與人之間的互相判斷最終是被判斷的自我對於自己的道德
義務行爲的判斷。

　　總言之，魯一士的自我實現倫理學說是一種生命計畫，爲使
一個人獲得持久的滿足。這非一種形而上的抽象思索，而是一個
道德行爲者對他的理想自我的展望。換句話說，這是一個人對
他自己最深處的興趣與需要的反省，而朝向他的高一層的自我尋
求。一旦他達到他的道德目標，這就是他的高一層的自我之實
現。

　　但是，自我實現這個概念，據魯氏的見解，含着實現別人的
意思。他說：「實現一個人的鄰人，按實現這兩字的全面意義，
確實地是〔憑着〕……無私的決心對待他。」㉙魯一士這句話的
含意是，自我實現這個倫理課題基本上包括完成某些社會義務。

㉘　*Urbana Lectures*, Lecture 2, p. 172；《魯一士的道德哲學》，
　　頁 172。

㉙　《哲學的宗教方面》，頁 155。

就是說，自我實現包括實現別人的意思。在這點上，可引孔子的名句相比：「己欲立而立人，己欲達而達人。」❸⓪

　　但是在倫理上還有一極為重要的問題是：我們如何知道什麼是善以及什麼是對的呢？對於這個日常的道德抉擇的具體問題，魯氏在他晚年的倫理傑著《忠的哲學》這部書加以解答。

三、忠的哲學

　　《忠的哲學》這部書是一九〇八年間世，在他自己寫的序言中，魯一士說：

> 我寫這部書，不僅是為為哲學家而寫，也是為那些熱愛理想以及那些愛國的人們而寫——一個當前對於理想主義很成熟的國家，可是因莫大與複雜的社會和政治問題而很紛亂。為着簡化他們的道德問題，澄清他們對於永恆的奇觀的視覺，贏得他們為忠的心腸——假如確實地如我所希望，這部書能夠協助朝向那個目標，無論多麼微少，這將在此國土是一種特殊寶貴的使命。❸①

這就是魯氏對此倫理論著的實際目的，他並聲明，從前在形而上學所持的見解沒有更改。

　　在這個忠的哲學課題上，魯一士特別着重兩主要方面：第

---

❸⓪　《論語·雍也》，6.30。
❸①　《忠的哲學》，頁 xi。

一，忠的意義和需要；第二，爲忠而忠 (loyalty for loyalty)。
現在把魯氏對於這兩重點的解析簡述：

第一，忠的意義是什麼？魯氏對忠這個倫理概念所下的定義
是：「一個人自願以及實際與徹底地專心於一種使命 (cause)。」
❸ 他繼續解說：

> 所謂一種使命……我的意思是，第一，對一個忠者而言似
> 乎是比他的私人自我較爲巨大……這種使命，第二，把他
> 與其他別人在某些社會關係，如像個人友誼，他的家庭，
> 或國家，聯合起來。❸

他又說：

> 這一種使命要能夠吸引我，必須……有些基本的迷惑力。
> 它必須激動我，喚醒我，使我喜悅，並最終持住我。❸

上面引徵魯一士的幾句話，指明他對於一個人誠心致志在某一種
使命的基本特質的意思。簡說之，那種使命，其一，**必須能够引
起這位忠者的興趣**；其二，**必須能够感動他去接受爲其效忠的吸
引力**；其三，**必須是爲着某種超乎個人關係的高一層的社會整體**
(higher social unity)❸。這高一層的社會整體是魯氏在晚年

❸ 《忠的哲學》，頁 51。
❸ 同❸，頁 52。
❸ 同❸，頁 119。
❸ 見 *Urbana Lectures*, Lecture 3, p. 42; see Peter Fuss, *op.
cit.*, p. 204.

更加關切的所謂偉大的共合體（great community）這重要課題
——我們將在第五章討論。

　　但是，一個人爲什麼需要忠呢？ 對這個問題的答案並非簡
單。魯氏舉例形容，一個愛國者需要忠，因爲他的國家需要他的服
役，反過來說，他需要去爲國家服役的忠，因爲這服役的使命需
要他的忠。換句話說，一位忠者有他個人所重視的做爲其使命。
這使命是他自己所興趣的、所選擇的、所喜悅的，並且是超過他
私己的感情或快樂，而具有內在的價值，甚至情願爲其獻身㊱。

　　那麼，我們如何辨別一種使命是好的與壞的呢？ 什麼是眞正
的理想人生？什麼是我們所需要的眞正的善？魯氏對這些問題的
回答是，我們對於道德律首先是從外在的權威學得來的，這些外
在的來源，包括了我們的師長、父母、同伴、風俗、社會團體
等，教導我們是非與善惡的標準。就是說，我們的意志首先是學
習做效別人的意志。可是，個人的意志往往會對於社會的權威加
以批評和反抗。在這兩方面，卽個人道德自律和社會權威的互相
矛盾，魯一士說：

> 社會依從給我們社會權力。那種權力帶給我們對於我們是
> 誰與我們是什麼的意識。於是，我們初次地開始有了我們
> 自己眞正的意義。並因而我們可能發現這意志與社會意志
> 的尖銳衝突。㊲

魯氏認爲，因個人對於社會權威的反抗而發生衝突，這種反抗不

㊱　見《忠的哲學》，頁 17～21。
㊲　《忠的哲學》，頁 35。

但不足怪，在某情況下是可加以辯解的。實際上，這兩相對立的
意志，卽個人的道德自律意志與社會權威的意志可以調和。再引
一位愛國者爲例：假如，在一方面，他自願以服役國家爲其使
命，並服從這使命所需要的成功條件，甚至甘心情願爲其犧牲自
己的生命；在另一方面，因爲這是他自己所抉擇的使命，而使這
服役機會滿足他的意志。在這點上的依照社會的意志與他個人的
意志兩相調和了，因爲這位愛國忠者所找到他的生命計畫是與社會
的需要互相配合。換言之，這位愛國忠者完成自我實現，因爲他
的行爲旣非盲從外在的權威，也非孤立獨斷而行的，但各人的生
命計畫各不相同，在這龐大的社會裏具有許許多多的可能使命，
如在政治界，宗教界，教育界等等團體。那麼一個人如何選擇爲
其專心致志的根由，在這問題上，魯一士提供爲忠的使命的三特
質，作爲忠者的測定原則。

　　現在回到上面所提的問題：什麼是我們所需要的善？這善可
實際測定我們的道德行爲是不是正當？魯一士的回答是：忠是
善，是一種具有內在的善 (intrinsic good)。他說：

> 忠對一位忠者而言不僅僅是一種善而已，而是他的生命在
> 眾道德之善的主善 (chief good)，因爲忠供給他在人類
> 實際的最困難問題的私人答案，這問題是：我生活是爲着
> 什麼？❸

魯氏確信，在忠這個普遍形式裏，人類自我完成其個人與社會的

---

❸　《忠的哲學》，頁 57。

作用。他又說：

> 誰是忠者，無論他的使命是什麼，是一心一意的，主動
> 的，順從他私有的自我意志，控制他自己，喜愛他的使
> 命，相信它。這位忠者的那種心靈狀態對他具有其本身的
> 價值。❸

這兩段引語，不但指明魯氏把忠視為主善，具有內在價值的善，這
主善就是道德行為者作為判斷他所行的是正當或不正當。並且，
當這位忠者發現他的使命，這根由應該使他盡其義務，並把自己
的理想與生命計畫統一起來❹。簡言之，魯氏認為，忠不僅是一
種具有內在價值的善，它也是如他所說的：「正確地闡釋，忠是
人的義務整體。」❹ 按魯氏的見解，一個人從忠於某一種使命能
夠完成他的自我實現；通過忠他能夠具體地表現自己的價值；通
過他所抉擇的使命，他能夠實際地決定自己的義務是什麼。

　　上面是魯氏把道德自律和社會依從的衝突問題加以解答及調
和。現在還有一個問題是：雖則忠在一忠者是善，然而假如忠的
使命與其他使命互相衝突將如何決定？再者，假如某種的忠為一
個忠者是他所選擇為最上級的忠，可是從別人的看法那種忠的使
命是有損害的。就是說，忠者所認為是忠的使命，當遇到許多互
相對立的使命，如何決定那一使命為正確的？有何標準作為測定
不同的使命的價值呢？為解答這個問題，魯一士進一步提供他的

---

❸　《忠的哲學》，頁 22。
❹　同❸，頁 47。
❹　同❸，頁 139～140。

所謂為忠而忠的原則。總之，魯氏對於忠這個主善的概念的結論是，他說：「忠是某些自然的欲望，在某些範圍內的社會依從，以及你自己審慎的選擇的一種完成的綜合。」❷ 這三項都是引導一種德性生活的要素。

第二，為忠而忠。魯一士對於上面所提的問題，即一個忠者正視不同的衝突的忠以及人與人之間的不同衝突的忠以何標準這雙層問題，他自認是不容易解答的問題，因而他說：

> 當兩相衝突的忠在危機中我遲疑不決。為忠而忠，我如何在這兩種彼此衝突的使命去服從呢？……假如我預知其結果，我能夠容易地立刻選擇。〔可是〕，我對其結果一無所知，〔因而〕，我確實地不能說選擇那一種。❸

但是魯氏強調，我們不能因有疑惑而不作選擇；假如我們決定不作選擇，這是為忠而忠這個道德原則所不容許的。雖則這個為忠而忠的原則對於兩相衝突的根由之選擇所給的實際引導很有限，然而這原則需要每一個人在尋找其生命計畫的歷程中把那些特殊的忠組成一種互相連貫的體系❹。

在為忠而忠這課題上，魯氏說：

> 我的理論是，一切義務我們已經學習認知為文明人的基本義務，即每人對每人彼此應盡的義務，要正確地闡釋為忠

❷　《忠的哲學》，頁 131。

❸　同❷，頁 188～189。

❹　同❷。

而忠的特別例子。**㊺**

換句話說，按魯氏的意思，一切所被認可的德性均可用忠這個概念加以解釋。他又說：

> 在選擇和服從你所要效忠的根由，無論如何，要忠於忠。
> **㊻**

> 因而，一種使命是善，不僅是爲我，而是爲全人類，在基本上是爲忠而忠，卽是一種助力與在我們的同類中促進忠。**㊼**

魯氏在上面的幾段話 清楚地指出， 忠這個主善是 人的義務的整體。 一個人要達到自我實現的最高理想， 必須有連貫性的生活計畫，承擔義務， 他的生命計畫是由自己選擇作爲效忠於某種使命。但是，一個人所抉擇的個人忠的使命是與他的同類們的互相協調，共同朝向普遍的忠的使命。要與我們的同類們在效忠的使命互相協調，魯氏的警告是，對於別人所選擇爲忠的使命，我們不能任意加以判斷，因他的使命與我的使命不同。就是說，我應該尊重我的同類，與我一樣地有權利選擇他自己所確信與需要爲效忠的使命，除非他疏忽其選擇忠的使命的自由權利去促進普遍的忠**㊽**。

㊺ 《忠的哲學》，頁 139。
㊻ 同㊺，頁 121。
㊼ 同㊺，頁 118。
㊽ 同㊺，頁 205～206。

　　簡言之，按照魯一士的見解，這爲忠而忠的原則是引導個人尋求自我實現的原則。一個人服從這個使命，不僅是爲達到他自己的至善，且是促進全人類的至善。因而，利己和利他是兩種彼此不相衝突的德性。實際上，我們爲忠而忠本身是一種最高層的利他活動。我們的同類是促進這普遍性的忠之媒介，他的福利是我們所關切的，假如我們能够協助他在忠這至善上更加有效。在這點上魯氏說：

　　　　利他是忠的一種不可避免的侍從者。爲忠而忠的精神能使我們把其解釋爲智慧的利他。利他缺少忠是一種危險的感情主義。那麼，照這種看法，忠於普遍性的忠確實地是整個〔道德〕律的完成。❹

明顯的，魯氏認爲這個爲忠而忠的原則，不單是一個人對其同類的道德義務，並且是一種普遍性的道德律，包括一切的德性。這爲忠而忠的原則是普遍性的道德律的基礎，魯一士詳細並清楚地說：

　　　　讓我複述一下：一切忠的眞正原則是，應對自己的使命盡忠，好促進全人類忠於他們的使命。我的斷語是，剛才所劃定的原則確可作爲一種普遍道德律的基礎。任何本務、任何品德，都可以應用這一個原則去證實、去評價。仁愛、公道、誠實、決心、奮勉、忠誠、效能、明哲的自

---

❹　《忠的哲學》，頁 145。

持、謹慎的自我節制、忍耐、輕視幸運、忍受失敗，你每
日的社會服務，你個性的發展，你私人的權利和尊嚴，你
服從本務的呼召，你正當的自我犧性，你因擔負重要道德
任務而有了合理的自尊心，凡此種種，都可以對忠的正確
了解和發展奠定下來的原則，加以說明、辯護、評價，並
實行。⑩

上面這段話指明，魯一士確信爲忠而忠這個方式是忠本身爲唯一
的善或主善， 並唯有那些忠於 某種使命才 眞正地了解人生的意
義， 尤其他們自己的生命意義何在 。 雖則他對於何種特別的忠
是一個願意盡忠者所應服役的這具體問題，魯氏未曾作具體的答
案，然而他提供兩種作爲挑選效忠的標準：從正面說，所選擇的
使命必須供給那些忠實者一種統一性的生命；從反面說，所選擇
的使命不是破壞性的忠。換句話說，這一種使命把許多忠實者聯
結爲一整體是超乎任何個體。他的所謂普遍性的忠，不僅僅是一
種抽象的普遍概念，也不僅僅是具體的個體，而確切地是一種具
體超乎個體的實在。

魯一士在 《忠的哲學》 書中的第七講〈忠、 眞理與實在〉
(Loyalty, Truth, and Reality) 討論眞理與實在的意義和忠這
倫理理論的關係。魯氏的眞理觀是站在連貫理論的立場，卽任何
有限的概念或命題是眞正的，條件是它在一整個體系裏的邏輯定
律或理性原則是互相連貫。在這部倫理書中，他特別討論忠這個
概念與眞理的關係，忠是一種倫理，但其終極的意義不僅僅是道

⑩ 《宗教透識之路》，頁 203～224。

德而已，卻是以眞理爲其基礎。忠是人類最善的道德生活，可是眞理是道德生活的根基。

　　魯氏提出一個問題：忠是一種純正的善，但我們怎樣解釋它不是一種人的幻想或一種情緒謬誤的例子呢？他的回答是，假如忠是以眞理爲根基，人們的生命能够與某種純正的精神一致。因爲忠是服役使命，那種使命把不同的人們生命聯繫爲一❺⃝。爲使我們肯定忠實者的信仰爲眞實的，在宇宙間必須有精神生活的統一，雖則這種統一並非任何個人單獨地在他自己的意識所能經驗爲事實的。簡言之，對於忠與眞理這兩方面的關係，魯氏說：

> 眞理的世界因而基本上是那些忠實者相信爲眞實的世界，當他們相信他們的使命是眞實的……爲此，眞理尋求與忠在基本上是同樣的生命歷程，只是從兩不同的方面看而已。❺⃝

這句引語的含意是，魯一士認爲尋求眞理是我們的一種意志的表現，也是一種道德的活動，但倫理必須建立在眞理的基礎上。換句話說，我們追求善的生活與尋找我們所處的世界的眞理，這兩方面是可以融合。

　　在〈忠、眞理與實在〉這篇講演，魯氏提出詹姆士的實用主義眞理理論，他表示同意詹氏的觀念，眞理的意義是一種在生活上可以證實爲成功或產生效果的。在這點上，魯氏承認自己是實

----

❺⃝　見《忠的哲學》，頁 307。
❺⃝　同❺⃝，頁 314。

驗主義者⑤。但對於實驗主義的眞理觀發出一個重要的問題，他說：

> 當我們追求眞理，我們確實地追求成功的概念。可是，……什麼是構造成功〔的因素〕呢？尋求眞理的確是一種實際的努力。但是，以一切忠實者的名義，人類的目標是什麼？眞理是一種活的東西。我們需要領導與指引。⑤

魯氏是一位徹底的絕對理想主義者，確信在宇宙間有所謂永恆的眞理。因而，對於上面引語所提的問題，他的解答是，眞理尋求者，如像忠實者一樣，所追求的是「一個看不見的城市」(a city out of sight)⑤，並在這個眞實的世界裏誠實地追隨眞理而忠誠於一種超人的使命。我們的生命目標是朝向與整個世界聯繫爲一，因在這整個世界包括了過去、現在，以及將來的整體經驗。魯一士稱這整體的經驗爲永恆的眞理；這永恆的眞理是邏輯或理性所不能否定的。他說：

> 忠，因而，有其本身的形而上層次。這形而上是表現對於事物的一種觀點——這觀點是想像我們的經驗與一切其他經驗連結爲一眞實的個體，這個體基本上是善，並在這個體裏面我們一切概念具有其成就與成功。這是一種眞正的觀點，直率地因爲如果你否定其眞理，你是在另一種新的

---

⑤　《忠的哲學》，頁 326～327。
⑤　同⑤，頁 327。
⑤　同⑤，頁 34。

形式重新肯定這眞理了。(56)

雖則魯氏所謂整體的經驗具有這絕對永恆的眞理，然而這整體經驗不是任何個別人所能直接得著的；其確實性使任何眞理成爲可能是一種必須的條件。總之，據魯一士的見解，忠與眞理這兩概念是合而爲一，因爲這世界是忠實者與眞理尋求者所公認爲同樣的世界。忠於忠與忠於眞理都是爲一種統一的生命而盡忠。

在《忠的哲學》的最後一章，魯一士把忠這個倫理概念與宗教的關係加以分析。他對宗教這個概念所下的定義是：

> 宗教〔在那些歷史上最高的形式〕是對於永恆和忠的精神的闡釋，通過情緒以及通過一種想像的適當活動。(57)

魯氏所指在歷史上最高的宗教形式包括猶太基督教傳統和佛教等。一般認爲道德與宗教是兩不同的範疇，倫理所關切的僅是人類的理想問題，而宗教所關切的是超越人的領域的問題。魯一士排斥這種把道德和宗教分裂的觀點，而強調這兩方面可以調和，因爲超越人的領域是眞實的並可能以人的措詞加以闡釋。

那麼，魯氏怎樣把忠這個倫理概念與宗教聯繫呢？在這末了一章，他把忠另下一定義說：

> 忠是——在可能範圍內——表彰永恆的意志，就是說，這永恆是意識和超人的生命統一，從每個自我的行爲方式表

(56) 《忠的哲學》，頁 345～346。
(57) 同(56)，頁 377。

彰。⑱

雖則一位純正忠實者可能不自覺是爲宗教而忠，可是他的生活模
範在基本上有其宗教的樣式。從另一方面說，一位純正宗教徒也
是一位忠實者，因爲他自覺本人在其宗教團體有重要的任務，必
須爲忠而忠去實現其使命。換言之，忠者的生命最終意義是寄託
在一種宗教啟示爲眞實的企望上，教徒是憑着他的信仰，那種信
仰通過宗教儀式與經典能够滋養忠者的生活。但是，魯一士在忠
與宗教的關係上又提出他所謂失落的使命 (lost cause)。失落的
使命的意思是，旣然超人的統一不可能在一有限的時間完成，一
位忠者一生所追求的最高層目標似乎是一種失落的使命。對這失
落的使命，魯氏說：

> 如果我們相信失落的使命，我們便直接地了解我們確實在
> 尋求一個看不見的城。如果那一使命是眞實的，它是屬於
> 一個超人的世界。那麼，每一使命，如所說過的，爲值得
> 終身服役以及能够把我們生命計畫連合，早晚指明那一使
> 命是我們在任何聯串的短暫喜樂與消失成功的人類經驗所
> 不能成功地表現的……
> 那麼，我們應該服役那些失落的使命。⑲

魯一士的意思是，從人性方面看，忠實者的使命是失落的，但從
高一層的境界看，這使命是眞實的，並且勝過不完全的人性。明

⑱　《忠的哲學》，頁 357。
⑲　同⑱，頁 386～387。

白地說，魯氏在忠與宗教的關係上的見解是，忠是一個人對於某種永恆的信仰，並把那信仰在他的實際生活中表現出來⑩。

　　魯一士對他所謂高一層的倫理宗教的事實列述如下：

> 第一，世界生命是理性統一與良善；其次，它的眞正卻看不見是與我們相近，不論我們多麼愚昧；還有，它的意義是完滿的，不論我們目前經驗多麼缺乏；再者，它的興趣是我們道德行爲者的個人命運；最後，確實的，通過我們實際的人類忠實，我們……將與這世界的眞正意義面對面，如同一個人與其朋友談話一樣。⑪

這就是魯一士所謂絕對宗教的宗旨的幾項事實。總言之，上面這段引語是他把忠這個倫理概念與眞理以及宗教這三方面的互相關係所下的結論。魯氏的宗教哲學將繼續在第五章討論。

四、結　　語

　　魯一士的倫理學可分爲兩時期，早期的倫理觀是在他三十歲所寫的《哲學的宗教方面》這部書的前半討論。其主要內容是批評西方倫理歷史的兩種對立的倫理學派，第一是倫理實在主義：這學派把道德價值視爲是外在的事實問題而已；第二是倫理唯心主義：相反的，這學派把道德的理想視爲是個人的內在自我律。因而，對於道德辨別的原理產生了各種衝突的結論。他把在歷

---

⑩　《忠的哲學》，頁 357。
⑪　同⑩，頁 390～391。

史上的幾個重要倫理學說：古希臘、基督教、良心倫理、樂利主義、進化論主義，與同情倫理觀等，各派的重點與短處提出。雖則倫理學派的衝突引起了道德懷疑主義，然而一種反省和自我批評的懷疑主義本着積極的信念可以克服那些衝突。在這初期魯氏尚未建立一種倫理系統，但是對於兩個重要問題已成為他以後二十多年的思考中心，第一是人的自由選擇權，第二是人的道德義務。

在他後期的倫理，魯氏着重自我實現這個概念。所謂自我，從倫理方面看，不是邏輯自我這抽象概念，也非經驗自我這不穩定的概念，而是理想自我。這理想自我不是天賦的自我，卻是一個人在其生活中不斷地爭取其理想的自我。但要實現理想自我，必須有自我的自由意志與自我的義務。就是說，自我實現是一個道德行為者自由選擇的生命計畫，去爭取高一層的理想自我，以及實現他的鄰人們的理想自我。

魯氏的倫理傑作《忠的哲學》是代表他成熟的倫理體系。這部在一九〇八問世的書是為一種實際的目的寫的，即「贏得人們為忠的心腸」(to win their hearts for loyalty)[62]，忠這個倫理概念的意思是一個忠實者專誠於他自己所抉擇的使命在實際生活上表現，從忠於其使命他能够完成自我實現，並實際地從事於他的道德義務。簡言之，魯一士認為忠不僅是一種具有內在價值的主善，忠也是人的義務的整體。

但是，當忠的使命可能與別的使命衝突時，或一個忠實者所選擇的忠與別人有利害關係的情況中，魯一士提供為忠而忠這原

---

[62]　《忠的哲學》，序言，頁 xi。

則作爲調和不同、甚至互相衝突的使命。這爲忠而忠的原則不僅
是自我實現的指南，並且是促進全人類朝向至善的標竿。雖則爲
忠而忠這似乎是一個抽象的概念，魯氏接着把忠與眞理的關係解
析。忠不是一位忠者的幻想或一種情緒的謬誤，而是他相信所忠
的使命是眞正的世界。忠是我們實際地在生活上服役的至善，眞
理是我們在生命歷程中追求所處的世界的眞實性，這兩概念基本
上是相同的，從兩不同的方面看而已。

最後，魯一士提出忠與宗教在本質上的關係。忠這個倫理概
念的含意是超乎道德的領域。意思是，忠於普遍的忠不限於促進
人類界的忠，而是在忠實者的行爲方式上去闡釋超人類的永恆領
域。簡言之，宗教是對永恆的領域與忠的精神加以闡釋。但是，
魯氏認爲倫理學從純粹道德去解答哲學最終問題是不足够的，必
須從宗教去尋求我們所信仰的無限絕對的現實性。這就是魯一士
的宗教哲學所關切的一重要問題。

第五章　魯一士的宗教哲學

宗教哲學的任務是從哲學或理性的立場去研究宗教信仰的意義和價值。宗教不是哲學。宗教的主要概念是信仰 (faith)，哲學的主要概念是理性 (reason)。但是，這兩方面與人生是息息相關的。在他的《哲學的宗教方面》這部書，魯一士開頭提出的問題是：宗教是什麼？他的回答是：宗教含着三種基本成分：第一，一種**道德律**；第二，**激動人的熱誠**，如儀式、神話、比喻、詩歌等因素；第三，一種**對於實在本質的理論因素**❶。因爲宗教關切實在的結構問題以及人生的義務，宗教與哲學有密切的關係。宗教需要哲學以批評和分析的方法作爲建立信仰的基礎，哲學從宗教所表現的人類希望和情緒而促進其對人生基本問題的正面解答和揭露。

魯一士先在他第一部重要論著《哲學的宗教方面》提出一些有關宗教的問題，這些問題成爲他以後的思考重點。嗣後有關宗教問題的著作包括《上帝觀》（1895），《宗教透識之路》（1912），《基督教的問題》（1913）這幾部書詳細地把他的觀點闡析。

宗教哲學所關切的三大問題：第一，上帝存在的問題；第二，惡與自由意志的問題；第三，人生的歸宿或永生的問題。現

---

❶　見《哲學的宗教方面》，頁 2～3。

在把魯一士對於這三個重要的宗教課題的解答討論如下：

一、上帝觀

　　魯一士生長在一宗教 —— 尤其是基督教 —— 氣氛濃厚的家庭。在青年時代魯氏排斥傳統信仰的教義，但到了成熟的年齡，他對於童年時代父母的基督信仰傳統重新加以審查。雖則他未曾屬於任何組織的教會，他在宗教方面的大量著作表示他是富有深切關懷的宗教思想家。

　　在前面的形而上學這章中，我們已經把魯氏的絕對實有略述。「絕對」這個形而上學概念，據他的看法，與「上帝」這個宗教的概念是同樣的。也就是說，我們宗教信仰的終極對象可以也應當無疑地建立在邏輯論證基礎上；正如絕對實有不僅有其實在性，並且有其邏輯的必要性。魯一士的上帝觀是從絕對一元論的立場去發揮。他說：

　　　　這神聖的意志，簡單地說，是絕對在世界裏的具體與分別的個體所表現的那方面。因此，在這世界所呈現的，不是一種純概念的、僅僅抽象世界，而是一個由個別人們所表彰的世界，在一個超越的絕對經驗的統一裏被認知的，而所被認知的是一各種不相同人們的集合，他們在各處存在着，並在一切富有意義的整體之中表現一種超越的自由之成分。❷

---

❷ *The Conception of God* (New York: Macmillan, 1897), pp. 202~203. 以下用中文：《上帝觀》，頁 202~203。

這段話的重要意思是，魯氏所謂神聖，也就是上帝，也稱爲絕對。祂是具體地在宇宙界與人類社會表彰出來。祂也可稱爲絕對經驗，這絕對經驗雖屬於超越境界，卻是人們所能經驗和認知的。在這世界裏充滿着意義與價值，表明人們有其自由意志，這超越的自由是從人人的自由意志表現出來。

在《上帝觀》書中，魯一士簡明地把上帝這個宗教概念下的定義是：「上帝是無所不知的實有，無所不知是思想與經驗的絕對統一。」❸換言之，上帝是絕對全知者，祂的全知是思想的絕對統一與經驗的絕對統一，這兩特質就是全知者上帝的屬性。

從思想或邏輯方面去論證上帝的存在是確實並是必須的，上面已提過，魯一士舉人的錯誤判斷爲例。再次地說，錯誤的知識所以可能存在，必須有一更高的判斷者的存在，我們有限的思想只是片面的，那些片面或錯誤的判斷是在那高一層的思想範圍之內。因爲我們不可能限定多少可能的錯誤或錯誤的程度如何，我們不僅需要一種更高更廣的思想，也需要一絕對或無限的全知者作爲一種貫穿一切的透視中心。總之，上帝或絕對者是自知，其全面知識內容能够使我們對於錯誤進行可了解的闡釋。引魯氏自己的話：「『上帝』這個字，我的意思是，祂是實有，被理解爲具有完整的一切邏輯之可能知識、透視、智慧。」❹魯氏在解釋上帝以其被理解這論點上似乎與笛卡兒的本體論證 (ontological argument) 相近；笛氏認爲，「我對於上帝有一種清楚的概念，因而上帝存在」(I have a clear of God; therefore, God exists)。這兩位思想家都着重自我這個概念。還有魯氏和笛卡兒

---

❸　《上帝觀》，頁4。
❹　同❸，頁7。

均以理性作爲尋求宗教信仰的方法，卽對信仰的正當理由加以辯護，而反對盲目的信仰。不同的是：笛卡兒把自我認爲是最終無可疑問的實體，因而，上帝以及世界在形而上學與知識論點上的眞實性都可以用自我的思想推斷加以證明。但是魯氏強調，自我不是笛氏所謂實體，而是一種意義在意識生活體現出來，自我與非自我——上帝與世界——是彼此相應的❺。魯氏對這絕對思想的結語是：「一切實在都應當存在在這統一的絕對思想的面前。」❻所謂一切實在，他包括我們人類界，一切善、惡、眞、假，一切確實的和可能的事件都是這絕對思想所認知的，並且這一切都是在祂的思想裏。因而，自我從魯氏的看法不是最終肯定的實體，而是一有限的認知者，其思想概念是在一絕對、無限思想裏面，並所表現和認知的僅僅是這無所不知的之一部分而已。

　　但是，魯一士進一步強調，我們的思想或概念不僅是抽象的理論，而是對於實際或可能的經驗有了思想或概念，卽對於某種事實的經驗。因而，思想或概念與事實或經驗這兩因素的知識在全知實有是完整地與普遍地聯繫爲一。在《上帝觀》書中的第一講，魯氏把經驗這第二因素作詳細的闡釋。

　　魯一士在經驗這知識觀念上仍然用理性的方法去解析。他認爲，我們的實際感覺經驗都是轉瞬卽逝、零零碎碎、無組織的經驗（unorganized experience），這些無組織的經驗都是我們可以直接證實的。可是我們也可以無限地想像那些超乎目前所能直接證實的可能經驗，這就是他所謂絕對經驗（absolute experience）。他的論點是，我們的有限經驗含着一種絕對經驗的眞實性的示

❺　《世界與個人》卷 1，頁 268。
❻　《哲學的宗教方面》，頁 433。

意。那麼，我們如何證明這絕對有組織的經驗 (organized experience) 的真實性呢？魯氏的解答是：人類的理智生活是從學習我們同類的經驗開始的。所謂有組織的經驗是在某方面的經驗知識由一批有權威的觀察家所同意。可是他們的一致代表其他人類經驗為一有組織經驗的整體。因而，魯氏提出一問題，有否超乎人類的集合經驗，所謂絕對有組織經驗呢？他給的正面答案是：肯定絕對實在的真實性，簡單地說，就是肯定一種絕對有組織經驗的真實性。換言之，說在這世界裏的人類經驗的總合 (a totality of human experience) 缺少一絕對經驗而存在，是一種自相矛盾的命題❼。魯氏對絕對經驗與我們有限的經驗的關係主張說：

> 絕對經驗與我們的經驗的關係，好像是一有機的整體與其本身的片斷部分的關係一樣。這經驗與凡能夠理性地想像為一絕對的最完整思想是同等的……從絕對經驗看，如同從我們的方面看，有所謂論據、內容和事實。但這些論證，這些內容，從這絕對經驗看，表現其本身的意義，思想，和概念……〔可是〕，這些內容並非與我們有限的經驗無關，而是包括在一個統一的生命裏面。❽

魯一士在這段引語所表示的上帝是哲學的上帝觀。他所謂絕對，如在上面所提的絕對實有這個形而上的概念，與上帝這個宗教的概念是相等的。按照魯氏的見解，這些不同名詞，「絕對自我」、

---

❼　見《上帝觀》，頁 41。

❽　同❼，頁 44。

「絕對思想」、「絕對經驗」都是同樣有價值對同樣的眞理從不同方面的表現而已。上帝被認爲是思想的完成；爲經驗絕對地有組織使得有統一理想的意義；爲眞理本身的透明；爲生命與概念絕對相符；爲自我獲得永恆性。這一切在絕對裏面是具體地合而爲一。魯氏在《上帝觀》書中聲明，他此書的目的不是爲着宣揚上帝的榮耀，而是要把「絕對」這一個宗教與哲學概念的定義加以詳細研究。因而，假如存在着一個有限經驗的世界，則絕對經驗必須存在。我們人類的無知、不完整、錯失、奮鬪、痛苦、渴望等等經驗，含着有一超乎這些有限的絕對經驗的眞實性之意思，這絕對經驗在宗教歷史上是與上帝的名稱相等的❾。再引魯氏自己的話：

> 簡言之，上面所解述的上帝觀顯然地是有神論，非泛神論。這不是非意識的實在，把一切有限的事物吸收在其中；不是一種普遍的實體，在其定律我們失去倫理獨立性；不是一種不可言喻的神祕，只能沉默地崇拜。相反的，每一種在過去最高尚的宗教信仰曾經歸給上帝的倫理述語都能夠以我們現在的觀點作正確的闡釋。❿

總之，現在把魯一士的上帝觀簡述如下：

第一，上帝的眞實性，從思想方面說是邏輯上必要的，並從實際經驗說是確實的。在思想上我們運用理性這似乎抽象的知識概念，然而我們對於世界以及一切所持的觀點必須訴諸於絕對思

---

❾　見《上帝觀》，頁 44～46。

❿　同❾，頁 50。

想的最終判斷。否定這絕對思想的存在，那否定本身便是訴諸那絕對思想的含意，因而上帝必須存在。

從經驗方面說，我們的雜亂無章、無組織的經驗需要有一統一性的絕對經驗。因而，如果斷言這絕對經驗自覺着卻又沒有絕對的經驗之存在，這便是一種自相矛盾的說法。在個人實際宗教經驗上，魯一士曾經在他晚年所著的《宗教透識之路》這部書中引用英國女詩人勃朗寧夫人 (Elizabeth Barreff Browning，西元1808～1861年)的《葡萄牙詩集》(*Sonnets from the Portuguese*)形容上帝這超人的絕對經驗的眞實性。詩詞全文如下：

讓我計算，我怎樣愛你。
　當我的靈魂，因追近那看不見的
實在的根源，理想的恩典，
　而伸展到了至深，至廣，至高
　那就是我愛你的指準。
我愛你，如同日常的生活所需，
　好比太陽，好比燭光。
我自由地愛你，
　如同人們爲公義而奮鬪；
　我純潔地愛你，
　如同人們之不顧毀譽。
我愛你，如積年愁慮的情緒，
　如天眞兒童的信心；
　我愛你，如對聖者的仰望，
　以我全生命的呼吸，微笑，及眼淚！

倘若上帝允許，

　　在死後我將更加愛你。⓫

魯氏對這位詩人所表示的，她對愛的宗教所運用的詞句不但是極為直接、眷愛、親密，並且很審愼地伴隨着反省的形而上學或神學上的字義，這種愛慕之情也是屬靈世界的至高權能之一種啓示。他認爲，對宗教的原動力和宗教對象的神祕，沒有比這首詩表達得更自然⓬。這也可說是個人的宗教經驗對於絕對經驗所體會的表示。

　　但是，魯一士所着重的實際不僅是在個人經驗而已，而是含着社會經驗的意義。因而，他批評神祕主義者只是孤獨地「在荆棘裏」 (in the bush) 看見上帝⓭。他也批評詹姆士的主張只注意信仰上帝的宗教經驗對個人是否發生效果爲證，而疏忽社會經驗。魯氏重複地提醒讀者，絕對經驗是超乎一切人類有限的經驗；因而，社會領域在引人得到與絕對經驗接觸的經驗。宗教最終的目標是要尋達一偉大的共合體或理想的社會，這是魯氏所極關切的問題，在下面第四節分別討論。

　　第二，上帝不是獨立存在，而是與人類的有限思想和經驗發生密切的關係。因而，魯一士排斥實在主義的實有觀，把實有視爲是客觀地存在着。魯氏的絕對一元論是：絕對就是上帝。但

⓫ *Sources of Religious Insight* (New York: Scribner, 1912), p. 73. 以下用中文：《宗教透識之路》，頁 499~501。漢譯本，在《近代理想主義》，黃秀璣譯 (「基督教歷代名著」，第二部，第十四卷，頁449~653, 1961)。

⓬ 同⓫，頁 72~73；漢譯本，頁 501。

⓭ 見《宗教透識之路》，頁 74；漢譯本，頁 502。

是，他明確地說：

> 上帝的獨一意志是通過許多個別人的意志而表現的。單體
> 的統一簡直是不可能的……上帝不能是獨一，除了祂是在
> 人們大眾之中。⑭

上面的語意是上帝這絕對是獨一的大自我，這獨一的自我的存在
是從無數的個人行為表現出來。上帝或絕對是獨一的體系，祂的
內容是包含在我們有知覺力的個人經驗。簡言之，魯一士認為，
上帝的生命是存在於每一個有限的生命；同時，每一個有限的生
命，不論多麼微小，都在上帝這無限的生命裏。

　　第三，上帝是可知的。這點與上面所提的兩方面互相關聯，
也就是說，上帝不僅是絕對思想和絕對經驗，祂的存在也與人類
界不能分開。那麼，這全知者是上帝，人是有知覺的認知者，而
對全知者上帝有局限的知識，這些無窮盡的、個別的局限知識都
是在上帝這完整的生命、思想與經驗綜合融洽之內。雖則魯一士
在倫理學方面深受康德的影響，然而在上帝觀這宗教哲學上，他
認為康氏的物自體論調是無意義的，因為物自體是一種不可知論
(Agnosticism)。按照康德的見解，上帝這宗教概念不屬於形而
上學或知識論範圍之內，因為祂是不可知的，因而上帝的存在是
憑着信仰與人的道德行為。換言之，康氏認為，上帝的存在是一
種假定(postulate)，我們假定上帝存在作為最高的道德律(moral
law)，否則道德就不可能。魯氏同意康德，上帝的真實性可由我

---

⑭　《世界與個人》卷2，頁 331。

們的道德經驗作為保證，可是把祂視為不可知，這是魯氏所不能接受的看法。魯氏批評康德運用假定方法的上帝觀說：

> 康德所提示我們的是，在尋求一種肯定的世界知識的基本原則還是不能斷定的 …… 那麼，任何誠實的判斷確實地是在判斷的那時候才是真正的，但在別的時候就不必要是真正的了。我們對別的時候只能假定而已……假如我們的思想有超乎在判斷的那時候為真或假，這是我們所不知道的。過去與將來並不存在於現時，而只是假定而已……無現在〔這概念〕的意義。⑮

但是，據魯一士的論點，上帝是可以理解的，因為我們有限的思想和概念與其絕對的思想與絕對的經驗是息息相關的。

總而言之，魯一士的上帝觀是：祂是絕對思想與經驗的全知者，也是過去、現在與將來的永恆者；祂存在的邏輯必要性與真實性是依靠人類界有知覺的認知者的有限思想、經驗與道德行為表彰出來。

二、自由意志與惡的問題

自由意志不僅是倫理學的一重要問題，也是宗教哲學的第二個課題。前面已提過，魯一士從心理學理論的所謂注意力去證明人有自由意志。現在從宗教哲學方面看，問題是：既然上帝是絕

---

⑮　《哲學的宗教方面》，頁 387～388。

對意志，如何解釋人有自由意志呢？魯一士的回答是：

> 我的自由問題僅僅是我個別人的問題。如果我是我，而非任何別人，並如果我是我，是一種目標的表現，那麼，我是自由的，正因為我是一個別人，我從自己的存在而表現我自己的意志。這恰恰是我的存在，如何表現上帝的意志，或為上帝旨意的結果……上帝的旨意是從許多個別人的意志表現出來。**⓰**

上面這段引語含着兩種重要的意思。第一，人的意志並不因上帝的獨一旨意而失去他的自由；第二，人的自由意志，從魯氏的觀點，是一種自我決定主義的觀點。現在把這兩要點簡述一下。

第一，魯一士強調，說「我是自由」與「我是上帝的旨意之一部分」這兩命題似乎是互相矛盾，卻是彼此連貫的。理由是，雖則上帝是獨一絕對的旨意和全知者，然而人人各有其自由意志去挑選他自己的目標，這目標是上帝的旨意的一部分。就是說，上帝為全知者不干涉我們個人的選擇。我們個人的目標，生命計畫是尋找在上帝的世界裏的地位，這一地位是任何人所不能填補的，也非從任何外在的來源獲得的。上帝的旨意是獨一，每一個人在祂的裏面找到自己的獨特意義。簡言之，我的自由意志是與上帝的旨意發生真正的關係，因為祂的旨意是從我們個人的意志意識地表現出來**⓱**。這就是魯氏對上面所提的兩個似乎互相矛盾

⓰　《世界與個人》卷2，頁 330～331。
⓱　同**⓰**，卷2，頁 294。

的命題的解答。

但是，這絕對的旨意在某一人的生命和個性所表現的，與在其他別人的生命與個性所表現的不同。魯氏認為，這種分別是絕對旨意在一切人們的自由意志呈現，而就是眾人的意志與絕對的獨一旨意協調為一。在這點上，魯一士是對那些批評他的絕對獨一的觀點的回答：即在這絕對旨意之中，人人都有其自由意志去選擇與這理想的旨意相配合的生命目標。

第二，魯一士的自由意志理論是一種自我決定主義。自由意志這課題可從三種不同的理論解述： 其一是非決定主義 (Indeterminism)，這理論所主張的是， 我們的意志是自由，所作的決定在某種情況下不受生理與心理的因素所拘束。其二是決定主義 (Determinism)，這理論的主張是，人的意志是由心理或生理的條件所決定，因而無所謂自由意志。其三是自我決定主義 (Self-determinism)，這理論所主張的是， 人有自我決定的能力，不受外在的因素所影響，而是依靠自己內在的動機與理想。

魯一士不是非決定論者，而認為在某些方面人不是完全有自由意志。他說：

> 你的性格是從祖先遺傳下來的，你的訓練是從社會秩序得來的。你的可解釋概念的意見是屬於你的許多鄰居的。你對你自己的意識是時時刻刻依賴着社會對比的影響，也跟着他們而改變的。⑱

---

⑱ 《世界與個人》卷 2，頁 293~294。

顯然的，魯氏並不忽視我們的生活在許多方面是被決定的，因而我們的意志不是完全自由像非決定主義者的看法。但是，魯氏也不同意決定論的論點把宇宙間一切事實，包括人的意志，都以因果的自然律為指南，因而無所謂自由意志可言。

總之，魯一士強調，人的意志既不是完全自由，也不是被生理與心理的因素完全控制。他簡明地說：

> 我們不說，你的個性是你的行為的原因；我們不說，你的自由意志創造你的生命。因為實有在任何處都是比因果更深一層。你所以是你，比你為一行動者所表現的力量更深一層。除了你自己以外，沒有任何別的〔因素〕，不論因果律或其他，去決定構成你的個性，因為你正是這神聖意義的獨特絕無僅有的表現……於是，起來吧，自由人，在你的世界向前進。這是上帝的世界。它也是你的世界。⑲

這就是魯氏的自我決定理論的結語。雖則每個人是社會集團的一分子，在許多方面受其影響，然而各人為一自我能自由地抉擇自己的生命目標與計畫。並且，我們各人在每一樁行為上的自由選擇最終是為了表現上帝的旨意。

上面把魯一士對於人有否自由意志這倫理與宗教的問題簡略的解答，這當然與政治自由或經濟自由等方面無關。既然我們有自由意志去選擇行為，這與我們所選擇而行的結果有關，也涉及惡的問題了。魯氏在惡這問題上也在他的著作裏給了解答。

---

⑲　《世界與個人》卷1，頁369～470。

魯一士對惡這個問題 (the problem of evil) 的專著《善與惡的研究》是在一八九八年間世，雖則在其他的論著也表示他的立場。惡這個問題在東西哲學史、倫理學史、與宗教哲學史上引起思想家熱烈的爭論與紛歧的見解。這問題含有三方面：其一為形而上的惡 (metaphysical evil)，其二為自然的惡 (natural evil)，其三為道德的惡 (moral evil)。魯氏對於這三種的惡都給予闡釋。首先，他把惡這個概念解析說：

> 惡這個字按最普通的方面說，一切有限的事實從它們本身看，的確是惡，正因它們本身沒有完整的意義，而使我們憂懼不安。❷⓪

第一，形而上的惡：從形而上的實在方面說，問題是，究竟有否所謂惡與絕對的善相對立呢？魯一士的回答是：「惡在一個完全道德系統是一邏輯必須的部分，而非僅僅是一種缺乏適應機械式的偶然事件而已。」❷① 魯氏這句話的含義是，形而上的惡是必要的，因為除了絕對為全善之外，一切有限的都不完整，不完整就是惡。那麼，我們有限的人必須接受惡的存在是真真實實的，而非幻想的。簡言之，魯氏的論點是，惡的存在，正如絕對至善的存在，是邏輯必要與實在的。

第二，自然的惡：這種的惡，如天災、病疫、死亡等等是自然現象所掀起，而非人為的惡害。魯一士在《善與惡的研究》書

---

❷⓪ 《世界與個人》卷 2，頁 363。

❷① *Studies of Good and Evil* (New York: Appleton, 1898; reprinted, Hamden, Connecticut: Archon Books, 1964), p. 6. 以下用中文：《善與惡的研究》，頁 6。

中第一章的題目是:「約伯的問題」(the problem of Job)。
這是《舊約聖經》所記載關於約伯這位義人受盡自然之苦痛的故
事。魯一士對這自然的惡不以爲有何解釋。但是,他把這難以解
答的問題與其絕對主義連貫起來。魯一士簡明地說:

> 對於約伯的回答是:上帝在最終本質上並非你自己之外的
> 實有。祂是絕對實有。你眞正與上帝爲一,是祂的生命的
> 一部分。祂的靈魂就是你的靈魂。因而,第一眞理是:當
> 你受苦,你的苦難就是上帝的苦難,不是祂的外在工作,
> 不是祂的外在刑罰,不是祂忽視的結果,而是等於祂自己
> 的悲痛。❷

惡存在着使我們有機會去制勝。但是,爲何上帝要受苦呢? 魯氏
認爲,苦難是善的不可少之條件。個人通過受難而勝利; 同樣
的,上帝與個人同在也通過受難而勝利。這就是所謂:「永恆的
世界含着客西馬尼 (Gethsemane)。」❷ 的意思。因而,我們的
本分是盡可能把苦難減輕,並毅然地接受那些不能減輕的苦難。
我們通過憂傷苦難而制勝世界去與上帝合而爲一。

　　第三,道德的惡: 這是人爲的惡,如欺詐、荒淫、貪虐、殺
人等,由人的惡意作違反道德律的行爲而成的。這第三種的惡也
叫做罪惡 (sin)。在這罪惡問題上,魯一士有其獨特創造性的見

---

❷　《善與惡的研究》,頁 14。

❷　同❷,頁27。在《新約聖經》四福音記載耶穌於被釘十字架受難
　　之前夕,與門徒往客西馬尼園向他們表示其極爲憂傷的心情。見
　　〈馬太福音〉,第二十六章,三十六節(筆者注)。

解，尤其在他一九一三年問世的著作《基督教的問題》特別加以
解答。

現在的問題是：罪惡的來源爲何？當時在美國流行的一種武
斷神學觀念是，人性爲惡因始祖亞當與夏娃違背上帝的旨意而有
所謂「人的墮落」（the fall of man）的理論，但同時候也
有主張人性非惡的人文主義者對性惡理論加以排斥。按魯氏的看
法，人性爲善或惡是一種難以有結論的爭辯。

魯一士把罪惡這問題從兩互相關係的方面去闡釋。第一方
面，罪惡是個人的道德重荷（moral burden of the individual），
第二方面，贖罪的概念（the idea of atonement）。現在把魯氏
在這兩要點上的闡釋略述。

首先，第一方面，罪惡是個人的道德重荷的意思是什麼？這
是魯氏的宗教哲學最深刻與最有創見的一部分。在《基督教的問
題》書的第一部，魯一士對道德重荷這概念作詳細的分析，無疑
的，他認爲基督教傳統的所謂原始罪孽（original sin）這概念已
不合時代，不能適應現代人的需要。因而，他從一種新的角度——
卽「道德重荷」——去解答人爲的惡。換句話說，魯氏用「道德
重荷」這概念以代替原始罪孽這傳統的概念。

魯一士引用聖保羅（St. Paul, d. 67?）在《新約聖經・羅馬
人書》的一句話：「慘苦啊，我這個人。」（Wretched man that
I am）形容道德重荷的意思❷。這是保羅闡釋他自己的宗教經驗
與人的天性。其含義是，這種道德重荷是與生俱來，並是個人的
罪犯的重荷。魯氏認爲，保羅對於我們的道德重荷的主要課題不

---

❷　見《新約聖經・羅馬人書》，第七章二十四節。聖保羅是耶穌死
　　後最得力的使徒，並是基督教神學的根源（筆者注）。

是關於我們的行爲，而是關於我們對於行爲的意識㉕。

魯一士進一步把 保羅所着重 的意識這概 念從另一 方面去闡釋，就是說，我們的道德自我意識（moral self-consciousness）是我們社會生活的產物。換言之，我的道德自我意識是由社會衝突而產生的。魯氏在社會衝突這點上曾解析說：

> 至此，我們的主要結果是，從一種純心理方面看，關於我的行爲的意識，與因而我所形成理想的力量，是我爲社會之一分子的本性的一種產物。這種產物所發生的是：對比、競爭、仿傚某迷惑人的同類的艱難努力，與我的敵人的鬥爭、競賽、社會雄心，引起別人注意的欲望，尋找在社會上地位的欲望，我的興趣於我同類的言行——尤其他們對我有關的言行。……㉖

魯氏在上面所列等等都是引起社會衝突的因素。因而，衝突越厲害，社會緊張隨之增加，惡的問題越嚴重，我們的道德重荷也更加沈重。他再三強調，我們的天性在生命的開始並不受任何目標，不爲善或惡所確定。但是，通過了經驗與行爲的薰陶，我們的天性便與許許多多習慣互相交織而成爲自願的行動，我們許多自然的性癖確眞露現了，而終於成爲罪惡。這是在我們成熟的生命由於不能適應環境而從惡行表現出來㉗。

雖則我們每一個人都是社會的一分子，在許許多多方面因而

㉕　見《基督教的問題》，頁 110。

㉖　同㉕。

㉗　同㉕，頁 105。

受了人與人之間的複雜關係所影響，可是每個人的言行是由他自己自願選擇的。那麼，一個自由人怎麼會去選擇惡的行為呢？魯氏對這問題的回答已在上面所提的注意力理論略述，即因人的注意力沒有或忽視對其所選擇的事項作全面地考慮。他舉盜用公款罪為例，因罪犯僅把注意力集中於為自己獲利而已；但如果他把其注意力推廣，考慮其他因素：他對自己的人格，他對別人的責任，他被人捕捉，等等。簡說之，這種注意力能使一個人自願地選擇或制止其惡行❷。

　　道德的惡，據魯氏的見解，是個人自由意志選擇的結果，不論其原因為何。但是，魯氏又強調，因為我們的一舉一動是不可挽回的，這是一樁使人感到憂傷的事實。假如一個人承認自己的行為是犯了罪，有何道德重荷的傷感比他自認那是不可挽回的惡行的傷感更加厲害。這罪犯儘管可以悔罪其前非，可是他不可能打消已成為事實的罪行，這罪行已是永遠的一種事實了。

　　其次：第二方面，罪惡既是個人的道德重荷，魯一士接着提供贖罪這概念為解答道德的惡之方案。贖罪是他在《基督教的問題》書中所討論的重要概念之一。他引用一個叛徒的問題去闡釋人類需要贖罪的理論。一個人成為叛徒，好像猶大（Judas）為耶穌十二門徒之一，曾經有其理想及一心一意愛戴其所選擇的使命，然而他以後背叛他所選擇的使命。這叛逆的行為是他自己的選擇，他不能把這件叛行的重荷加在任何別人的肩上。不論他將來做了多少善行，但這一件叛行是永遠不能消除了，他因作此叛行而誘交自己所謂「不可挽回的地獄了」(the hell of the

---

❷　見《世界與個人》卷1，頁354～355。

irrevocable)㉙。 甚至悔罪或寬恕都不 能把這件叛行取消。 魯氏說:「懊悔不把流逝的時光倒轉⋯⋯寬恕不把叛徒親手寫下在紀錄上的字洗掉。」㉚ 那麼, 現在的問題是: 雖則這叛徒的叛行已成爲不可消滅的悲傷事實, 究竟贖罪這概念能否應用在這叛徒的這一件叛行呢? 這叛徒與他的道德世界有否調和的可能呢? 魯一士對這雙層的問題從贖罪這概念加以闡釋。

贖罪這個字只在《新約聖經・羅馬人書》提過, 其意思是, 罪人通過基督耶穌的贖罪聖職與慈愛的上帝復和。 這是使徒保羅給當時羅馬人的信所說的:「我們竟能藉着我們的主耶穌基督拿上帝而歡喜誇勝呢; 因爲藉着他, 我們如今已經領受了復和了。」㉛ 歷代基督教徒相信耶穌的死把人的道德重荷的問題多少解決了。但魯一士在這問題上有他自己的闡釋。 他提出兩種不同的贖罪理論: 第一是**刑法滿足** (penal satisfaction): 這理論的大意是, 基督在上帝面前犧牲了自己的生命, 他的犧牲就充分地滿足把世人的罪孽贖回了。 但是魯氏排斥這刑法的解釋, 因爲這罪人不能從之而與他自己復和。 第二是**道德理論** (moral theories): 這理論着重罪人內在心靈的改變, 因他默想基督愛的犧牲而給以愛、感恩和懺悔的反應。 但是, 魯氏認爲, 贖罪僅僅從罪人內心的悔改是不够的。 這兩種相反贖罪的方法都是魯一士所不能接受的, 原因是: 刑法僅僅是一種外在的關係客觀的處理而已, 道德法僅僅是主觀的內在的改變而已㉜。

㉙ 《基督教的問題》, 頁 162。
㉚ 同㉙, 頁 178。
㉛ 《新約聖經・羅馬人書》, 章 5, 節 11。
㉜ 見《基督教的問題》, 頁 171～172。

魯一氏對贖罪概念解釋說: 「把那不可能挽回的全然過去之意義加以變化。」 [33] 意思是, 叛徒如何與他的叛行復和呢? 魯氏的論點是, 問題不在罪人與神學家所謂激怒的上帝復和, 而是與他的道德世界復和。因為叛徒的叛行不僅僅是關於他自己私人 (private) 而已, 卻是關於公共 (public) 的事件了, 即他破壞了集體的契約, 其叛行涉及了這集體契約的理想與使命。因而, 復和不僅是關於叛徒自己而已, 而同時是關於被損害的團體。換言之, 現在的問題, 不是如何除掉這叛徒的叛行, 而是這社團如何使這叛徒與他自己以及與這社團復和。

雖則這社團為了叛徒的叛行而受着不可抹擦的傷痕, 但通過一種創造性的意志可以勝過這件惡行。再引魯一士自己所說的:

> 這種勝過叛逆僅僅能夠由「共合體」或「共合體」的代表通過堅定不移的忠僕「耶穌」, 其行為是「共合體」本身的化身。這位忠實受難的僕人之工作可以應對叛逆……其創造性的工作是這叛行給予的機會……那麼, 當這創造性的新行為已實施, 你看到這人類世界, 而說, 首先, 「這行為是由那叛逆而可能做到的」, 其次, 「這世界, 由這創造性的行為而變化了, 是比以前沒有那叛逆的行為的情況之下, 較好了」。[34]

這段引語的意思是, 勝過叛逆是通過受難者耶穌在世的工作。這受難的工作是贖罪所必要的, 並且這贖罪行為把過去的意義變

---

[33] 《基督教的問題》, 頁 180～181。
[34] 同[33], 頁 180。

化。過去的叛行無法挽回，然而過去這件叛行卻成為精神的新勝利的必須條件。換言之，叛徒不能變化他自己的過去，但是受難的僕人能夠變化這過去的意義，使其從死的領域帶來新的生命，這罪行成為復和的必須條件，雖則罪行仍然是無可挽回的事實。總之，魯一士是從人的角度去闡釋贖罪這概念，即從一個受過破壞的「共合體」的悲劇帶來一種新的愛之契合，使叛徒與自己復和以及與其所隔離的理想復和。

魯一士在贖罪這章結語說：

> 從基督教的概念看，贖罪是在一種符號表現，其神聖的闡釋僅僅是感覺到，並視為是一種神祕。從人的概念看，贖罪是從一種特殊地高尚與實際地有效驗的人類行為的象徵中表現出來〔就在任何時間表現出來〕。這個贖罪的人類概念也在一種假定表現，這假定是以最善與最實際的靈性為基礎。基督教的符號與實際的假定是同樣生命的兩方面——人類的同時也是神性的。㉟

這就是魯一士對傳統基督教贖罪這個概念的創新闡釋。

三、永生問題

死這個問題是古今東西的思想家所關切的問題。從自然律，肉體必死，這是人生所當有的事，就是當然死。但是有些並非

㉟ 《基督教的問題》，頁 186。

當然死，而是偶然夭折而死。無論是當然死或偶然死，肉體不能永生是毫無疑問的。問題所在是，究竟有否所謂靈魂的永生（immortality of the soul）。這靈魂的永生不能從生物學或社會學的方面去解釋。因爲生物學所解答的只是限於那些有後代子子孫孫繼續生活下去而已。社會學也僅僅局限那些在社會上有立德、立功、立言的而已。靈魂的永生是一個宗教哲學的問題了，即究竟一個人的死，不論是當然的死或偶然的死，有否永生的可能呢？

在中國思想傳統儒家鼻祖孔夫子對這不可知的死之問題所回答的名句是：「不知生，焉知死」㊱。這代表一般中國思想家很少談及永生的問題。但自從佛教傳入中國之後，來世這個問題引起學者的注意，生死問題成爲哲學的一研究和爭論的課題。

在西方哲學史，柏拉圖對於永生問題曾經運用理性的論點加以解析，他認爲靈魂（soul）與肉體（body）是人的兩方面，前者屬於理想的世界，後者屬於物質世界，並把靈魂視爲肉體的一切動作的主要因素。在《腓多》（Phaedo）這對話篇中柏氏說：「靈魂是神像的，不死，智慧，一致，不毀滅，不改變，永恆的；肉體是人像的，必死，多方面，無知，時常改變，不持久的。」㊲柏拉圖這二元論觀，靈魂與肉體，成爲西方歷代思想家的爭論課題。

魯一士對於人生歸宿所涉及的永生問題是從理想主義的立場去闡釋。那麼，死是什麼？這裏所提的死是肉體的死而已（雖則也有精神的死）。魯氏再次引用實在主義、神祕主義，與批評理

㊱ 《論語・先進》，12・11。
㊲ *Phaedo*, 80 A. 《腓多》，80 A。

性主義的觀點爲例。從實在主義的觀點，死是一種獨立的實在事實，是我們所不能試圖作任何可理解的答案。從神祕主義的觀點，死是一種幻想而已。從批評理性主義的觀點，死是一種普遍的定律，是一切有限的實在必須消逝。可是，從理想主義的觀點，實有的意思是完成一種目標，那麼，假如它完成其目標死是實在的。那種目標不是外在的，而是一種意義的表現。就是說，死必得有一種意義，並且其意義與人生的意義是互相聯繫的㊳。

魯一士對這問題，不是從生物學或社會學的方面，而是從形而上和倫理的角度去解答。他認爲，這世界是一個道德的世界。在這世界裏，每一個人都有其應負的任務，那種任務只有他自己才能盡的，並需要一種無限的歷程才能完成。任何道德戰鬥必須鬥爭到底。因而，死含着永生的意思。肉體的死僅僅爲一種永生的作用便可以理解了，正如時間爲永恆的一種作用才有其意義一樣，在這點上，魯氏與康德的靈魂不朽的理論很相近；據康氏的見解，靈魂永生是一種假定（postulate），使得有限的人生有永恆的時間去實現道德的法則。魯氏說：

> 這是一個道德的世界。一切道德戰鬥都得鬥爭出來。一切尋找都得完成。這個目標——是的，你的個人目標——是由你自己在永恆的生命達到。但是，如何？何處？何時？哲學的立卽答案是：這時間和空間的世界是複雜的經驗的一片斷部分；你的完整的永恆經驗如何由你獨自完成，這一個問題，當你還在這短暫的時間，是不可能回答的。㊴

㊳　見《世界與個人》卷 2，頁 440。
㊴　《上帝觀》，頁 326。

這段引語的含意是：我們各人在道德鬥爭的經驗是很有限。在這道德的世界裏，空間給了許多道德義務的內容，時間給了我們所意向的一幕又一幕相繼前後表現出來。但是，我們在某時某地所經驗的僅僅是永恆的一部分而已，而個人的道德職務是無終結的。因而，一個人在今生不可能完成其道德任務，但在永恆的世界，他與上帝這無限者合而爲一，並在這永恆的世界存在着。換言之，據魯氏的見解，我們的內在意義，個別人的特性，不可能完成，除非與整個實體的絕對有直接的聯合，我們的有限人性得以解除而達到永恆的終點。

在一九〇六年魯氏曾經向一教會的教士會宣讀一篇有關「永生」的題目，他的結語是：

> 聽眾將注意到，我所講的完全是在意志，行爲，與行爲的機會。我曾經小心地避免談及任何關於命運，關於來世的報應與刑罰，關於將來賠償我現在的憂苦，關於一個人與其亡友重逢的權利，關於我們的題目這些較爲熟知的普通方面。事實上，我自認對任何來世的命運毫無所知，並因是一個有限的人，毫無權利要求任何的特別好運。這永生的理論，以我的想法，多少是一種嚴格的理論。永恆的上帝贏得我基本上個人的需要的意識滿足，即使我有機會找到我的理性目標去盡我的責任。除此以外，我沒有權利作任何別的要求。其餘的我可以委託一個神聖及理性的世界秩序，這世界明顯地是一個嚴肅與認眞的秩序。[40]

---

[40] 《魯一士的主要著作》卷 1，頁 402。

魯氏在這段話清楚地表白他的永生論觀。在一方面，他不能接受基督教傳統信仰，尤其原教旨主義 (Fundamentalism) 的觀點，把來世的命運從字面的原義相信爲眞理。在另一方面，他反對當時一般學者把十九世紀所流行的科學觀作爲觀察人生的唯一方法，把靈魂這個概念認爲毫無意義而置之不論。魯一士站在這兩極端之間，侃侃地把這宗教哲學的永生切身問題，從道德的角度給以新的闡釋。這闡釋與他所主張的絕對理想主義的形而上觀是一貫的。

總之，按照魯一士的理性論點，死的內在意義是一個人以完成其道德任務爲目標。但道德任務不可能在今生有限的時間完成，必得在永恆的時間才能完成。靈魂永生是與無限的上帝合而爲一。誠然，死的情況非任何人所能親身經歷，但其實在性是不能否認的。魯氏認爲，人生的意義是負起各人的道德任務，死的意義是在永恆，或非時間的境界求達其道德任務的實現。這種看法與康德所主張的靈魂不滅僅僅是一種的希望頗相近。

但是，魯一士的哲學體系最重要的課題，卽共合體的概念 (the idea of the community)，這有關立一理想社會是他晚年所最關切的問題，我們將在下一節討論。

四、普遍的共合體

上面曾提到魯一士在晚年所最關切的問題是在哲學的實際方面上。絕對這個形而上的概念不僅僅是一種抽象的理想而已，卻是一種確確實實，秩然有序的體系，卽把所稱爲闡釋的共合體。這共合體也名爲「普遍的共合體」 (universal　community)、

「愛的共合體」(beloved community)、「天國」(kingdom of heaven)、「無形的教會」(invisible church) 或「偉大的共合體」(great community)。這個共合體的概念是在魯氏的最後重要論著《基督教的問題》這部書詳細地分析。

魯一士提出的主要問題是：從教條方面看，現代人在何種意義上能夠連貫地稱爲一個基督徒呢❹？這個問題含着基督教歷史的意思。基督教的兩特質：第一，按照最早與最熟識的傳統，它是基督的宗教由耶穌的生活和教訓並把他的靈感教導其門徒以遵循那靈感爲人類得救之路。那麼，從現代人的觀點，假如一個人認爲耶穌在世的教訓是最高的價值，則他的個人經驗在教條上是一個基督徒，這問題基本上是簡單的問題。基督教的第二特質是：從歷史方面說，基督教不僅僅是教主耶穌所傳的宗教。基督教一直是對其教主的宗教的一種闡釋，關於他的使命以及上帝、人類與人類得救這些特別的理論。簡言之，基督教是超過其教主自己在世的時候所教訓的。事實上，耶穌所教的在許多課題上是不夠明晰，魯一士認爲，這兩特質不能完全分開，然而第二特質更加重要，現代人不能把基督教僅僅侷限於根據傳統，其教主在世時所說的與那些聽見他所教的話❹。

在《基督教的問題》書中，魯一士提出的三個主要概念：第一，**普世的共合體概念**；第二，**個人的道德重荷概念**；第三，**贖罪的概念**。第二與第三概念已經在上面略述。這三個概念的互相關係以及第一個概念的重要性，魯氏自己的話說：

---

❹　《基督教的問題》，頁 62。
❹　同❹，頁 65～68。

第一，普世共合體的概念：

這裏有一某種普世與神聖的共合體，加入這共合體爲其成員是人得救所必要的。

第二，個人道德重荷的概念：

個別人本性是受着某種道德重荷壓力所支配，如果沒有援助，他不能逃避其重荷。

第三，贖罪的概念：

這個人唯一的逃避，唯一他能夠獲得與神靈的共合體合一，是神爲拯救人類的計畫所供給。這計畫包括爲人類贖罪。㊸

上面的引語指明，據魯一士的見解，個人的道德重荷與贖罪這兩個倫理及宗教問題必須從建立一普世的共合體才能解答。

共合體這個概念，魯一士是從使徒保羅引出來的。魯氏認爲，基督教是根據耶穌在世的實際宣教，並於他死後與復活由聖靈感動其門徒和信徒而創設初期的共合體，即所稱爲教會。教會的全意是上帝的子民的共合體，也就是基督的身體的意思㊹。但在四福音所記載關於耶穌在世時所宣揚的愛的福音是不够完整，而要加上使徒保羅自己在當時各教會的工作經驗與他親筆寫給各教會會友的書信，把耶穌基督的中心使命，愛的福音的意義及含意加以闡釋。按照魯一士的觀點，保羅不僅僅是一位基督學家（christologist）和闡釋者（interpreter），他是基督教共合體的真正創始人（true founder of Christian community）㊺。雖則

㊸　《基督教的問題》，頁 72～73。
㊹　見《新約聖經・腓立比書》，第一章二十二節。
㊺　《基督教的問題》，頁 367。

保羅不單領會了耶穌的中心教導，他所闡釋的基督教信仰無疑地含有其要旨，可是魯氏認爲，我們不能僅僅依照傳統的語調，而必須從現代的意義方面加以闡釋。

那麼，魯一士所強調的共合體這個概念是什麼？他對這基督教的基本概念不是從辯護者（apologist）的立場，或以批評者（critic）的態度去解答，而是從哲學的理性方法去闡釋基督教共合體這概念的現代意義⑯。這個集體的特質是：它是社會性的，是倫理與宗教的，是普世的集體。

第一，這個共合體是社會性的：魯一士在這點上不同意他的好友詹姆士的觀點，把宗教當做純爲個人經驗，而拋棄一切組織的宗教機關。魯氏對詹氏的理論批評說：

> 我曾經屢次提過的導師——詹姆士——所強調的學說，……我認爲那不是圓滿的學說，但是在這裏我應當再鄭重地說，因爲它是與那些把社會理論來解釋宗教，如我剛才已經講述過的方式相對立，所以在這一點上面它是很有益處的學說。⑰

簡言之，魯一士認爲，詹姆士對社會經驗的疏忽是錯誤的，因爲社會途徑可以引人得到與神靈接觸的經驗。魯氏承認，宗教經驗都是某某人的個別經驗，是個人的，然而最豐滿的經驗是社會性的。魯氏說：

---

⑯　《基督教的問題》，見頁 59~60。
⑰　《宗教透識之路》，頁 61；漢譯本，頁 490。

> 社會經驗好像是在獲得拯救的途徑上。正常得救之路〔假
> 如有的話〕應該是引人通過社會經驗的路子。但是，當我
> 們的社會經驗眞正地指示我們那條向上的路徑，這是因爲
> 人類的社會生活是某一種生命的暗示，或其肖像及化身，
> 且那一生命是超過我們今生的生命。 **㊽**

這段引語指明，魯氏認爲，一個人不能單獨獲得拯救，而是依靠
他在共合體裏的同羣的幫助。就是說，這共合體或社會世界是一
個人所需要進入得救之門徑，但同時社會制度也需要那些值得拯
救的個別人。誠然，共合體這個概念本身含着社會界的意思了。
但是，它絕不是任何集團，烏合之眾，也不是家庭，或一般的機
關等等。魯氏再三強調，這個共合體的成員有某種共同的社會目
標與使命，有其可回憶的過去，也有其對未來的期望，同時它是
各成員所需要的社羣界共合體。

　　第二，這是一個倫理與宗教的共合體: 基督教的中心教義是
愛，愛這個概念含着雙層的意思，卽愛人與愛上帝，這是基督教
的唯一誡條。基督教的愛與這共合體是不能分開的，因爲在這共
合體裏面的所有份子都是同羣，互爲鄰人，應彼此相愛以及忠於
這共合體。魯一士吸取保羅的闡釋，把愛這個概念與忠這個概念
認爲具有相同的意義。

　　上面已把魯氏的 「忠的哲學」 爲其倫理學的主要概念 。 那
麼，愛鄰人或忠於鄰人是人人間的相愛或彼此盡忠，這是倫理方
面的。可是，這些鄰人都是基督教共合體的成員，他愛或忠於這

　㊽　《宗教透識之路》，頁 75; 漢譯本，頁 502。

共合體的份子就是愛或忠於基督所設立的共合體。因而，愛或忠於這共合體就是一個基督徒愛或忠於上帝的具體表現。簡言之，這共合體使得每個成員發生密切的關係，因爲他們是在上帝的愛中聯繫爲一，共享一種使命。愛人與愛上帝，或忠於鄰人與忠於上帝是互相關係，既是道德又是宗教的具體表現。在這點上，魯一士很清楚地說：

> 所以，不論你在忠的路程上走了多遠，你絕不能把自己的忠當做道德而已；它在本質上亦是宗教。它對你總好像是一種發現的對象，從外面及從上頭而來，好比神的救恩之臨格。因此，忠不只是道德透識，同時也是宗教透識的一種來路。眞正的忠的精神在本質上是道德心和宗教心的完整綜合。使命是一種宗教對象。它在你需要的時候發見了你。它給你指出得救之路。它之顯現在你的世界，是從屬靈的領域賜給你的一件無代價的恩賜——這恩賜是你自己所沒有的，卻是由於世界本身願意將得救之路顯示給你。這白白的恩賜逼出了你的愛心，然後你慷慨地把自己奉獻答報。
>
> 因此，忠的精神完全調解了純道德家和信仰神的救恩者之間的劇烈而可悲的爭論。❹

這段話指明，魯一士認爲，愛或忠這兩個同樣意義的概念，不僅僅是倫理的概念，也是宗教的概念。這可說是魯一士把他的形而

---

❹ 《宗教透識之路》，頁 206～207；漢譯本，頁 592。

上的觀點應用在實際的道德與宗教上。這個世界是一個實在的世界，在本質上是一個共合體，基督教的愛或忠的共合體與這實在的世界是協調的。

　　魯氏曾經舉一個實例以闡釋這共合體的道德與宗教的精神。他引用報上登載的一故事：

　　　　四十一年前，密西根湖小橫渡灣的燈塔管理員，……駕一葉小船出海搶救一班遇難的水手，但沒有生還回來。暴風連續颳了三天，他的悲傷的妻子並沒有忘掉別人的生命，每夜爬上梯子去收拾風燈。她盡此義務，直到政府發覺了這情形，才正式委任她繼續工作。❺⓪

好像這兩位燈塔管理員，還有許多盡忠愛鄰人者、科學研究者、愛國者、戰士、殉道者、眞摯的情人等等。魯一士堅持，他們都是表現同樣的愛或忠的道德與宗教精神，卽所謂：「堅忍經過不寐的長夜，爲大眾服役不求人見。」❺①

　　第三，這是一個普世的共合體，也稱爲無形的敎會，以愛或忠爲中心：魯一士對這共合體的闡釋是：

　　　　我們的三個主要的基督敎概念的第一個是一種靈性生活的概念，在這共合體裏面一切個別人都將完整地混成一體，實際地融合爲一，將爲一個實在與普世的共合體而絕對盡忠。上帝、鄰人，以及獨一的敎會：這是保羅認爲基督敎

---

❺⓪　《宗敎透識之路》，頁 191~192；漢譯本，頁 581。
❺①　同❺⓪，頁 195；漢譯本，頁 584。

的愛與愛的生命之靈感的三目標。❺

魯氏所強調的這愛的共合體是：一方面，**盡心盡意的愛上帝**，另
一方面，**愛人如己**。這就是基督耶穌所形容的天國要建立在這種
理想的愛。因而，魯氏批評一些基督教徒的觀點，把基督教的愛
當做是一種純爲利他主義（Mere Altruism），爲別人而生活，轉
你的左臉，甚至放棄一切屬世的產物。據魯一士的看法，這種僅
是利他主義不能醫治文明的精神疾病❺。這共合體以基督教所闡
釋的愛人如己明顯地含着自愛（self-love）的意思，爲此，那
些把基督教的愛與自我克己（self-abnegation）這種觀念視爲相
同，魯氏認爲是錯誤的❺。還有，魯一士也提及，基督教對於自
我的重視正與佛教的無我觀相反，因爲佛教以不動情緒的沉思爲
其目標，藉以消滅自我的慾望，而基督教卻以愛爲自我積極地在
行爲上表現❺。

　　簡言之，魯一士對這愛的共合體的闡釋是，每一個人在上帝
面前有其無限的價值，因爲他是天國的子民；並且，這愛的共合
體就是基督的身體，是救贖世人的工具。個人的豐滿生命與這個
愛的共合體是不能分開的。

　　還有，這愛的共合體是普世的。魯一士對於普世的共合體這
個概念從兩方面去闡釋：其一，這概念是以人類的社會本性的心
理爲基礎。它的倫理價值是從那些在各時代各國家的人們對於忠

---

❺　《基督教的問題》，頁 98。
❺　同❺，見頁 132。
❺　同❺，頁 87。
❺　同❺，見頁 193。

的深刻意義所學習得來的。魯氏重複地說，忠這個德性是一個人
徹底而實際地愛戴一個普遍的共合體；其二，除了從人性的方面
之外，這概念有特殊的基督教方式。這方式的特質是耶穌所傳揚
的愛被當時的門徒以及初期的教會所接受，作爲應用在實際生活
上的模樣。這基督教普世共合體的概念之精神是使徒保羅所闡釋
和親身經驗的，而成爲基督教歷史一種永久的特性㊶。

　　魯一士對於這普世或愛的共合體的概念與個人的道德重荷及
贖罪這兩個概念的密切關係，在他的《基督教的問題》這巨著中
自己作了清楚的結論說：

　　　　因而，實際地所需要的是：讓你的基督學是實際承認這普
　　世與愛的共合體之精神。這是充分和實際的信仰。愛戴這
　　信仰，運用這信仰，教授這信仰，傳播這信仰，不論用任
　　何詞語，通過任何符號，以任何教條方式，按照任何能
　　使你在實踐上最好的方法，把一種誠懇的意向與全部的心
　　情去象徵及在這共合體裏面實現其精神。其他有關你的宗
　　教，你的特別種族或國家，或崇拜方式，或訓練，或一時
　　的個人意見，或虔誠的私己神祕經驗，都是偶然的──雖
　　則有啟發性，然而是變幻莫測的。這信仰的核心不在某個
　　別創始人，不是任何其他個別人。這核心不是在創始人的
　　言論，也非在基督學的傳統。這信仰的核心是精神，愛的
　　共合體，恩惠的工作，贖罪的行爲，以及忠的生命的拯救
　　力量。除此之外，人們未曾得救或能夠得救。這樣說法，

────────────

㊶　見《基督教的問題》，頁 101。

　　　　並不是要建立新的信仰，　乃是要請 你往向各 種信仰的中
　　　心。⑰

這段長的引語就是魯一士所稱爲普世與愛的共合體的概念，它的
範圍所包括的極爲廣大，卽凡是在他的生命實踐地表現愛與忠的
精神，無任何種族或地理或文化或其他的界限，都是這共合體的
份子。

　　此外，魯一士又把這普世與愛的共合體稱爲無形的教會。教
會這一個名詞在一般人的眼中是指某一個宗教機構，或是某些宗
教性質的組織而已。所謂有形教會是一個宗教機關或某些宗教性
的團體，各有其某些傳統的特徵、準確或假定的歷史，規定的信
條，以及其所確信爲出自神聖啟示的根源和權威。魯氏並不忽視
有形教會從各種不同的方式和表現，曾經影響並且仍然繼續影響
着廣大的羣眾，把其理想的得救之路指示給世人。然而，他認爲
從愛和忠的共合體所表彰的宗教生活和精神的統一，並非在某一
時代，某一個國家，或專屬唯一有形教會的特有現象⑱。

　　那麼，無形的教會是什麼? 魯一士的簡明又透徹的闡釋是:

　　　因此，凡一切通過忠的精神而追求得救的共合體，我將稱
　　　之爲無形的教會。 它之所以是無形的， 是因爲我們對人
　　　類史實的無知，也更是因爲我們對屬靈眞理的省識太狹窄
　　　了。當我說，無論任何有形教會曾經或將要爲人類宗教生
　　　活做些什麼，然而我們所有宗教透識的最主要來源毋寧是

⑰　《基督教的問題》，頁 403～404。
⑱　見《宗教透識之路》，頁 276～277; 漢譯本，頁 638，640。

一切忠心者所屬的無形教會之實際忠心、服務、竭誠、受
苦、成就、傳統、示範、教訓與勝利等；我這樣說純粹
是報導屬人與超人的眞正事實罷了。至於我所指的無形教
會，是一種兄弟友愛精神，包括一切散佈在各地各國而生
活在聖靈裏面的人。⑤

顯然的，魯氏的無形教會包容並超越了各種有形的教會。這無形
的教會不僅僅是一個屬人的和世俗的機構，它亦是一個眞實和超
人的共合體。爲着適應現代人的需要，魯氏認爲基督教的精神要
與人類的日新月異的知識互相接觸。因而，未來的基督學不能只
是保持傳統的方式，繼續地統治有形的基督教會的信條。但魯氏
再次聲明，那些屬於有形教會任何團體的人，如果他們是按照所
見識的而鄭重地在實踐上本着愛與忠的精神，亦是這無形教會的
份子⑥。

　　魯一士在世的最後兩年之前曾寫一小册，題名爲「對偉大共
合體的期望」(*The Hope of the Great Community*)⑥。他明
智地把這短著名爲「期望的共合體」，意思是未來的偉大共合體
是在那些爲愛與忠的繼承者們的肩上了。一個共合體的存在是預
先假定其成員意向地把各種不同的興趣、目標、與需要，通過一
種繼續不斷的闡釋加以調和的。這就是他所認爲是闡釋共合體的
本質，它在時間歷程中 (time-process) 有了其可回憶的過去以

---

⑤　《宗教透識之路》，頁280；漢譯本，頁 641。

⑥　同⑤，頁 290；漢譯本，頁 648。

⑥　這部小册於魯氏逝世時尚在出版社排印中 (New York: Mac-
　　millan, 1916)。筆者注。

及其未來的期望。

魯氏在晚年期間對這偉大共合體特別注意，因爲那正是第一次世界大戰的前夕，他的哲學思想也逐漸轉向實際方面的問題：如何解決國際間的衝突並爭取永久的和平，類此眼前的急切問題使他確信以促進國際性的偉大共合體爲途徑。他吸收康德的見解，人與人之間、國與國之間的衝突是因爲人的本性對其同類旣有愛亦有恨。兩個彼此相愛的人自然而然會互相衝突而引起可能的鬪爭。魯一士擧例：兩個人，一爲冒險家（adventurer），一爲受惠者（beneficiary）。前者因其冒險而成功，與其受惠者的得或失含着某種緊張、敵對和衝突的因素，他把這兩人名爲「危險的一對」（dangerous pair），因爲他倆之間的不同興趣而引起彼此的誤解。這兩方面的衝突需要有第三者爲保險人（insurer）作爲調解冒險家與受惠者的中間人，這就是魯氏所謂的闡釋者。另外從國際方面說，魯氏認爲，國與國之間的關係必須有一國際性的共合體，其作用非掌政治權，而是從社會與文化的各種活動去促進他所期望的偉大共合體⑫。

總之，魯一士這闡釋的共合體，無論是稱爲普世的共合體，或愛的共合體，或無形的敎會，或偉大的共合體，似乎是把他的形而上學與知識論的理論從實際與具體的方面加以闡述，而與其理想主義的哲學體系協調一致。

---

⑫　見《魯一士的主要著作》卷2，頁 1160～1161。

五、結　語

宗教問題是魯一士哲學思想的基礎。他對那些問題的分析與解答是經過很長時間的思考歷程，約從一八八五年他的青年作品《哲學的宗教方面》問世，直到他最後的巨著《基督教的問題》在一九一三年出版近二十八年期間所研討的結論。魯氏使用哲學的理性方法，試圖在一方面把傳統的宗教觀念根據現代的思潮與語言重新加以闡釋，在另一方面把他自己的宗教哲學觀與形而上理論聯系使成為一貫的理想主義體系。

在宗教哲學上的三大問題：第一，上帝的存在問題：魯一士的觀點是，上帝的存在是邏輯上的必要以及確實存在，祂的無限經驗與思想不能與有限的人類經驗和思想分開的。因而，上帝非獨立存在，就是說，祂是存在於有限的人們裏，雖則祂是超乎一切。還有，上帝是全知者，人是有知覺的認知者，這含着祂是可知可了解的；第二，自由意志與惡的問題：魯氏認為，人有自由意志是無可疑問的，這是一種自我的抉擇，並與上帝的旨意這兩命題不相矛盾。雖則惡的問題，從自然的惡方面看，不是一個人所能預測，卻是使人去戰勝苦難的機會；然而從道德的惡方面看，這是個人自由意志選擇的結果，是不可挽回的道德重荷需要贖罪的惡行；第三，永生問題：魯氏從形而上與倫理的角度加以解答，人的生與死各有其意義，人生的意義是各人有其道德任務，可是道德任務不可能在今生有限的時間所能完成。因而，死的內在意義是永恒，或非時間的境界繼續地去完成其道德任務。

魯一士在其最後巨著《基督教的問題》書中，根據教會、罪

惡與贖罪這三個基督教的中心概念去發揮他具有創造性的闡釋的
共合體這概念，人是認知者，然而人對人的知識非從直覺、感覺
與觀念等為來源，而是一種不斷地的闡釋歷程。雖則各人有其所
屬的不同社會團體，然而魯氏所稱為愛或普世的共合體有其為救
贖人因罪行的道德重荷的特殊目標。這就是他在這部書中所着重
的三大概念：普世的共合體概念、個人的道德重荷概念，與贖罪
的概念；這共合體是救贖道德重荷所必須的，因它是以愛為核
心。

　　魯氏對這普世或愛的共合體所提的特質：**它是一個社會性的
共合體**，因為社會經驗，而非純粹個人經驗，是一個人得救的必
要途徑。再者，這是倫理與宗教的共合體。所謂「為忠而忠」的
倫理意義，在這共合體裏面亦等於忠於愛或普世的共合體的意義
了。魯一士也稱這共合體為無形的教會，因為它是超乎任何有形
教會及其所規定的傳統信條，而凡是以愛或忠的精神在生活上實
踐者都是它的份子。最後，魯氏再次把他的闡釋理論應用在他所
期望的偉大共合體，在人與人之間以及國與國之間的衝突，由第
三者，即國際性的共合體或闡釋者，繼續不斷地加以闡釋而調和
彼此間的衝突。

第六章 魯一士與其同時代的思想家的關係

魯一士一生的哲學思想所牽涉的範圍很廣。從一八八二年如其宿願踏進哈佛大學這學術氣氛濃厚的最高學府，在他著述所表現的卓越的思考力與學術活動，很快地引起哲學界的注意與重視。上面在〈美國哲學的黃金時代〉曾經簡略地介紹魯氏生活時代的幾位傑出的思想家。現在把當時與他有特別關係的幾位主要哲學家簡述如下。

一、魯一士與詹姆士

魯一士早在他二十歲的時候就與大他十三歲的哈佛大學心理與哲學教授詹姆士初次謀面，嗣後幾十年之間他們一直保持真誠的友誼，在學術上始終抱着彼此切磋琢磨的君子態度。但是，在哲學論點上，這兩位才子是站在兩相不同的立場。詹姆士是一位個人實用主義者，對於形而上的問題不感興趣，而魯一士是一位絕對理想主義者，形而上學是他的哲學體系的起點與基礎。因而，他們的爭論點是在魯氏所強調的「絕對」這個形而上概念，因為詹氏認為那是一個不可證明的無意義概念。

這兩位思想家對於形而上學的辯論是在一八九九年達到最高潮。是年一月十二日至二月一日，魯一士應邀在基福德演講座 (Gifford Lectures) 作連續演講他的鉅著《個人與世界》 第一

部（事實上這次的連續演講邀約是由詹氏自己因健康不能應邀所推薦的），在那期間魯氏的一門有關形而上學的課由詹氏代替。但這門有關理想主義內容的課卻加強詹氏對魯氏的哲學觀點的反對，而乘此機會寫一〈備忘錄〉（memorandum）題名爲「魯一士對絕對的論證」（On Royce's Argument for the Absolute）。詹姆士提出兩點互相關係的錯誤，簡略地說：第一，魯一士對於「絕對」的邏輯證明甚爲難解；第二，經驗無需拉進「絕對」這概念。他的意思是，一個理想主義者不必成爲一個絕對主義者。任何事物是一種事實假如它是在意識範圍內；沒有認知的話，便無所謂事實，這就是詹氏所了解理想主義對於實有的標準。一個理想主義者對世界可有三種的觀念：其一，A是唯一的事實；其二，A與B，C，D……等共存；其三，A在一個被認知的世界是與B，C，D……等有關係的。這三種的世界觀點也可說是A與其他的關係的三個階段：卽不可能（impossibility）、可能（possibility）與實在（actuality）。在第二階段，好比一個鷄蛋是一隻可能的鷄，意思是對於將成爲一隻鷄的期望而已；也就是說，可能性僅僅是我們表示期望的方法罷了。因而，詹氏的爭論點是，魯氏把絕對這概念插入在其理想主義體系裏是一種語言的紛亂的結果❶。

　　魯一士對詹姆士在「絕對」這概念的批評曾給書面的解答。在他寄給詹氏的一封長信（共二十三頁，於一八九九年三月寫的），魯氏指出，詹姆士在其〈備忘錄〉所假定的是三種單獨的「非被認知的事實」（unknown facts）：其一，A與連續的階段相

---

❶　見《魯一士書信集》，頁 382～388。在魯氏此信中包括詹姆士所批評的主要論點（筆者注）。

同；其二，認知者與他所想的也是連續地相同；其三，各階段均
是客觀的眞實事實。意思是，按照詹氏的看法，「可能的鷄」只
是「眞實的鷄蛋」的名稱而已，可能的經驗是未來事物的預告，
在眼前非眞亦非假。但是，魯一士把詹姆士所提的第一與第二階
段在第三階段解決。他的論點是，我們對一隻可能的鷄的思想就是
一種眞確的事實了。因爲那些不被認知的事實是實實在在的，雖則
其實在性是有限的認知者所不知的，然而是一無限絕對全知者所
知的。這證明絕對必須存在以解釋不被認知的事實之實在性❷。

　　顯然的，這兩位思想家的宇宙觀是站在兩不相同的立場。詹
氏是一位多元宇宙論者，他主張我們對於宇宙界所知的並非全
面，而是前後相繼的片段局部而已。因而，對於眞或假的判斷，
必須以我們所認知者爲標準。但是，魯氏是一位一元絕對理想主
義者，他認爲我們有某種標準作爲證明絕對的存在的必要性，因
爲未被認知的事實是實在的，其實在性必是被某認知者所知，那
些事實既非有限的意識所知，必需是無限的意識所知的。他的結
論是，沒有任何人能夠在其實踐的生活中不假定過去與未來的連
續性。這種假定就是理想主義的標準，而必然走上絕對全知者的
途徑方向。

　　魯一士的形而上學傑作《世界與個人》第一部於一八九九年
年底間世後，卽刻送他的密友詹姆士一册。詹氏也立刻研讀這部
書並給魯氏書面寫下他的評價。對於絕對這概念，詹姆士說：

　　我的主要印象是，它〔這部書〕所表現的一種複雜與有重

---

❷　同❶。

量的理解是有令人迷惘的特質，旣優美又流利。它充滿着流暢、它的明確清楚、它的誠懇與和藹而把其精妙與錯綜掩飾了。所說的這些話對我這在信仰上的硬心腸是毫無偏見，因爲我覺得你所用的論點一向是不強制的，這絕對以我的看法還是一種假定，要把其實用試驗出來的，而非一種被認爲可信任的學說。但是我應當說，使我深感喜悅的，就是你多麼愉快地把這部書集成了。它是一有機的整體，遠超你以前的論述。我看不出你從今以後怎能不被承認……，爲絕對理想主義的擁護者，並是這整個學派思想的充分富有創造性的領袖。這絕對本身必定由於你而得大的樂趣。❸

上面這段評價的話指明詹姆士對摯友魯一士的高度讚揚，但另一方面卻堅持他自己的實用主義，不能同意魯氏的絕對理想主義的理論。總而言之，從形而上學與知識論的理論方面說，詹氏的實用主義是作爲解決形而上問題的方法，任何概念必需經過特別經驗的試驗爲標準。因而，他的宇宙觀不是一種單純的統一體，而是一種多元論。他在知識論點上是一位激進經驗主義者 (radical empiricist)，以經驗爲一切感覺事物的總名，並以知識的效果爲目標。但是，魯一氏的絕對理想主義着重在建立一理性的形而上體系，以絕對爲其主要概念，這絕對的概念含蓄時間與空間的永恆及無限的意思。因而，他在知識論點上是一位理性主義者，以邏輯辯證的理性方法去闡釋宇宙間一切事物的連貫性——這正是

---

❸ 《魯一士的生平與思想》，頁 269。

詹氏所反對的理論。從道德與宗教哲學的實際方面說，這兩位思想家有其共同點，在當時知識界所傾向的懷疑主義與不可知主義思潮，他們分別在各人的哲學思想立場加以強調宗教在科學時代的價值。但是他們從兩不相同的宗教觀去解答宗教與科學的衝突。詹氏認爲信仰是以對於每個人的生活，其思想與行動從直接經驗所發生的正面效果爲首要，對於宗教的理論爲次要。但魯氏卻堅持，哲學與神學的知識是必需的，宗教對實際方面是包括在內而已。因而，他着重把傳統的宗教概念用現代意義重新闡釋，以調解宗教與科學兩者之間的衝突問題。魯氏也稱他的看法爲絕對實用主義（Absolute Pragmatism），因爲他並不忽視實際生活的方面。還有、按照詹姆士的見解，宗教是以個人經驗爲重，每一個人的權利、任務，生活計畫與目標是獨特不可磨滅的。魯氏雖不否認個人宗教經驗的重要性，然而他進一步強調社會經驗的必要，爲促進一個愛或忠的共合體爲最終目標。

　　雖則他們在哲學思想上的差異，然而這兩位哲人始終保持誠摯的友誼。魯一士在其倫理鉅著《忠的哲學》的序言（一九〇八年出版），曾說：

　　　　要不是我在很早學生時代閱知詹姆士教授，我懷疑我會寫
　　　了任何的拙作——更不必說現在這部書。我個人對他在此
　　　衷心地表示感激的誠意。但是，如果他與我現在對眞理的
　　　看法是從不同的見地，我想我們還是朋友，彼此尊敬各人
　　　所表白的思想，等候以後其他見地照亮我們的眼界吧。我
　　　想這就是忠的作爲。❹

----

　　❹　《忠的哲學》，序言，頁 xi。

當詹姆士念到魯氏在其近著的序言，立刻回答說：

> 你所問世的著作對我表示感激，這是極為親切的表示！我
> 感謝你的雅意與敬意。使我感到遺憾的是，你說我們在眞
> 理上不同的見地，因為我們唯一的不同觀點是在絕對這點
> 上而已，　確實地那麼一椿小事不值得使兩位君子因而分
> 道。我相信在你的心底，你我的看法比起任何尚健在的一
> 對哲人都更為相似！無論如何，我衷心感謝你。❺

這兩段話表明魯一士與詹姆士是富有君子風度的朋友，並不因意
見不同而影響他們之間的忠誠友誼，雖則他們的思想是代表美國
哲學的黃金時代的兩主要學派——詹氏是個人實用主義的有力思
想家，魯氏是建造絕對理想主義體系的哲學家。

二、魯一士與朴爾士

　　上面已提起魯一士對朴爾士這位傑出的科學邏輯學家的思想
深為欽佩。雖則他們兩位之間的關係，從私人方面看，沒有他與
詹姆士的關係那樣密切，　可是從在學術界的接觸，朴氏的演講
與論著，魯氏很受這位大他十六歲的學長所影響並直率地表示感
激。同樣地，朴氏對這位較為年輕的思想家甚為重視並寄予非凡
的期望。

　　當魯一士在三十四歲時完成其形而上學鉅著《世界與個人》

---

❺　《魯一士的生平與思想》，頁 342。

問世後，朴氏立即爲這部書寫了書評。站在實用主義的立場，朴氏認爲魯氏把絕對概念與上帝視爲相同，是無任何效果的，因而在形而上學方面，朴氏是魯氏的批評者；可是朴氏並不忽略這部論著的卓越價值。在給魯一士的一封信中，朴爾士說：

> 現在對於你的著作，大體上說，以準確的概念來介紹到形而上學是整個哲學史最卓越功績之一。我不認爲你已經解決了問題；但是你已經走了一步跨七里格的距離；按你的年齡，最好的哲學研究正在你前面，哲學界可以希望你還能完成更大的成就使形而上學與平靜地進步的科學並駕齊驅，這似乎是成熟的時候了，你正是那能做到者的人。
>
> 你對於這問題的答案，我相信是在正確的軌道上。個人與上帝的關係應當是如你所說的。那是一種崇高的觀念，使得人生在世與臨終時刻均能得到滿足。但是我的印象是，那僅僅是一方面而已，在哲學概念的多方面還未作充分的研究，爲對付那些概念還要深深地加以修正。我想你必然會發現這些概念是什麼。但是，任何人興趣於形而上學的進展必須避免一大危險，即你的邏輯觀點與一切成功的科學所持的邏輯觀點之間有強烈的衝突。我請求你研究邏輯吧。❻

這封信充分地表示朴爾士對魯一士的思想的誠懇評價，一方面給以高度的讚揚，另一方面提出正面的批評與改善的建議。但魯氏

---

❻　徵引在《魯一士的生平與思想》，頁 296。

對朴氏在邏輯上應下工夫研究的勸告並未特別加以注意。嗣後十多年之間，他們因哲學觀點不同，彼此之間的關係只保持平淡的交往而已，雖則魯氏對朴氏在科學與數學邏輯上的造詣與貢獻一直表示敬佩。

有趣的是，魯一士在晚年所寫的 《 基督教的問題 》 這部論著，從哲學方面看，他是採取朴爾士的邏輯研究。他自己承認，這部書的中心課題是在發揮他所稱爲共合體的概念，而這概念是基於朴氏的符號和闡釋的理論邏輯具體地成爲一種應用的邏輯。魯一士自己解析說：

> 一種對一符號的闡釋是表示闡釋者的思想，它所造成一新的符號需要闡釋，這是無窮盡的；除非這歷程是被隨意地中斷。在我們平常的社會生活，這闡釋的歷程充分地形容朴爾士這個新名詞的意義。朴氏堅持說，從純粹邏輯方面看，符號造成一種新的與基本上重要的範疇。他把這範疇定立爲「第三」範疇，與古典的「普遍」範疇，卽「第一」範疇，以及「個別」的範疇，而朴氏的邏輯成爲「第三」範疇，三者相並行。
>
> 我曾經說過，朴氏對闡釋的世界這形而上的理論並不關切……但是他的名詞使我能夠把這形而上的課題總結爲：「宇宙是由實在的符號與其闡釋所組成的」。❼

這段引語含着魯一士在邏輯上受朴爾士的三個互相關係的概念所

---

❼ 《基督教的問題》，頁 345。

影響之意。其一是符號 (signs)，任何事物含有闡釋的意義； 其二是三面關係 (triadic relations)，這「第三」面就是闡釋，是朴氏所發揮的第三種的知識，與感覺及觀念這兩種知識不同，而「第三」是辨別「第一」與「第二」的同或異所必需的；其三是闡釋的概念 (the idea of interpretation)，魯氏把這個概念擴大，這闡釋的世界不僅是對時間空間一切事物的知識，並應用到他在晚年所最關切的解釋共合體的重大課題。魯一士的闡釋知識論與闡釋共合體觀已在上面分別討論。

　　當《基督教的問題》於一九一三年問世，魯一士曾贈送朴爾士一册，朴氏是此部書讚賞者之一。魯氏以後寫說：

> 他〔朴氏〕給我寫一封很好的感謝信，這封信我深深地珍視，告知他已收到我遲遲的嘗試在這部書把他的意見加以理解與闡述，他不顧自己身體衰弱及其年齡，寫了這封必須簡略、卻合理與意料之外的關懷信， 表示得到他的同意。❽

這就是魯氏與朴氏彼此尊重與敬服的最後表現。朴氏於一九一四年春逝世後， 魯氏收集了他的大量遺著， 保存在哈佛大學圖書館。在最後兩年尚在世的期間，魯氏常常提起朴氏對他在學術上──尤其邏輯方面的鼓舞與協助。總之，這兩位才子各人按照自己所興趣的角度──朴爾士專攻科學哲學的研究，魯一士着重思想哲學體系的建造──在尋求真理的道路上是忠誠的朋友❾。

---

❽　《魯一士的生平與思想》，頁 380。

❾　同❽，頁 379～380。

三、魯一士與山他雅那

魯一士與山他雅那的關係，從時間方面看，是相當長。他們是同時在一八八二年進哈佛大學，魯氏任教師，山氏為第一年級的大學生。一八八六年，山氏是魯氏第一畢業班的高才生。並在魯氏指導之下完成他的博士論文，其題目按照魯氏的建議為「洛子」這位德國理想主義思想家的哲學。無疑的，魯氏對這位較他年輕八歲的門人甚為重視。雖則山氏於博士完成後留在母校哲學系任教多年，魯氏也極力推薦山氏升為助教授，然而山氏從未覺得美國的學術環境是他久留之處，於一九一二年辭去哈佛大學之職，先往英國，繼往巴黎，最後在羅馬定居，過着他獨立的寫作生涯。在那三十年期間，先為師生後為同事，魯氏與山氏兩人之間的關係並非密切。在大學時代，山氏對其導師的回憶是：

> 魯一士具有一強有力與博學的頭腦，聽他的講授總是有所裨益，雖則非令人愉快；不愉快因為他的聲音粗糙，他的風格沉重，重複與學究氣，並單調地偏執於他的體系，使人難以忍受。❿

這就是山他雅那在受教時對魯教授的正面與負面的觀察及反應。

這兩位傑出的思想家在個人特質方面是大不相同的。魯一士秉性坦率、篤信與豪氣；山他雅那為人隱退、孤零，長於評論。從家庭背景方面看，魯氏的父母，尤其母親，是虔誠的基督教

---

❿　《魯一士的生平與思想》，頁 199～200。

徒；山氏的父母親名義上是天主教徒，實際上父親是一位不可知論者，母親卻傾向自然主義，但他們都認爲宗教是一種想像的表現，這是有益無害的。山氏一向嗜好拉丁天主教文化，尤其對它的宗教儀式，而非教義，特別賞識。因而，山氏批評魯氏僅僅限制於改新教與德國的理想主義的範圍之內而已。

當魯一士的兩部形而上鉅著，《世界與個人》問世後，山他雅那的評價是，這兩部厚書是極爲難解的論著，因爲魯氏運用理性辯證方法去證明任何事物。山氏把魯氏的理性辯證方法的解述是：

> 魯一士的特性在證明某種崇高，如像上帝的存在問題，他的大前提必是某種可悲與煩擾的事，即錯誤的存在……魯氏繼續說，如果錯誤存在，必得有一種眞理與其相異；眞理的存在……包含一位知道眞理者的意思；要徹底地認知眞理與供應各種可能錯誤的更正，含着一無所不知之意，我們已經證明一無所不知者，或普遍思想的存在；這就幾乎等於上帝的存在了。❶

關於魯一士的理性辯證方法以惡的存在爲大前提，山他雅那又說：

> 對於這古老的惡的問題，魯一士只能給一古老的答案，雖則在多方面是他自己重新發現與重複的，因爲這是他整個體系的核心。他說，善在基本上是與惡鬥爭並勝過惡；因而如果惡不存在，善便不可能的……我不認爲這種答案使

---

❶　《對美國的特質與意見》，頁 100～101。

他安心，……因為不是一切的惡都產生有益的反應，或都
能被勝過的……這問題的眞正答案是不能有答案的。⑫

這兩段引語是在山他雅那的書《對美國的特質和意見》(*Char-
acter and Opinion in the United States*)，一九二二年魯氏在
後六年問世。這小册大部分是向英國聽眾的演講稿，他對美國的
道德背景、學術環境的特質和意見，包括詹姆士與魯一士這兩位
主要思想家。詹氏的經驗主義與自然主義比起魯氏的絕對理想主
義與理性辯證法更爲山氏所同情。可是，山他雅那對魯一士思想
的評價是根據其早年所寫有關形而上的理論着重在證明絕對或全
知者的存在。但在其晚年最成熟時的著作，尤其《基督教的問
題》，山氏可能未曾讀過。實際上，魯一士在晚年的論著，重點
是在闡釋的共合體這實際的課題上，而非在早年所關切的形而上
學了。因而，山他雅那對魯一士的批評旣非正確又有偏見⑬。

簡而言之，山他雅那站在自然主義形而上的立場，不能容納
魯一士的理想主義形而上觀點，這是可以理解的。無疑的，魯氏
對山氏的獨立思想抱有「後生可畏」的態度，認爲這位與他立場
不同的思想家，能够加強哈佛這名聞美國最高學府中心的不同哲
學學派的陣容，因而對山氏堅決離職而感惋惜。但是，山氏對於
魯氏的哲學體系，旣不尊重，反而加以疏忽。有趣的是，山他雅
那的青年與壯年，三十年長期居留在美國卻一直感到是在異鄉，

---

⑫ 同⑪，頁 105～106。

⑬ 山他雅那對魯一士的哲學思想的曲解，見 *Royce and Hocking-
American Idealists*, by Daniel Roberson (Boston: Christopher
Publishing House, 1968), pp. 17～18. 以下用中文：《魯一士與
霍金》，頁 17～18。

可是他自己承認在多方面受美國的影響。山氏曾經說：

　　我的知識上關係與工作還是密切地與美國結合，並且我應
　　當算是美國的一位作家，假如我被算在內的話。❹

誠然，山他雅那是美國一位卓越的哲學美學家，也是魯一士這位
美國傑出的思辯哲學家的批評者。

四、魯一士與霍金

　　霍金(William Ernest Hocking, 西元1873～1966年)是魯一士
的著名門人之一。他早年在美國中西部的艾奧亞大學(University
of Iowa) 主修工程師，因其課外閱讀而興趣轉向哲學，進哈佛
大學哲學系研究院在魯一士領導之下進修，於一九〇四年完成博
士學位。他應雅魯大學哲學系之聘任教，一九一二年他的傑作
(*The Meaning of God in Human Experience*) 《在人類經
驗中的上帝之意義》問世。一九一四年霍氏被聘回母校哈佛大學
當哲學系教授。兩年後，即一九一六年，魯氏謝世，霍金繼任哲
學系接續魯一士所穩固地建立的創造性之寫作任務，到一九四四
年退休爲止。因而，魯一士與霍金是先爲師生後爲同事的關係，
雖則他們在教務上的關係僅有短短兩年而已。
　　霍氏自從研究生時代對魯氏的教授法與思想均有深刻的賞

❹　這句話徵引在 *The Philosophy of George Santayana*（《山
　　他雅那的哲學》）edited by P. R. Schilpp (Evanston, the
　　Library of Living Philosophers, 1940), p. 603.

識。一九〇三年當他在一研究班呈上一篇有關形而上的文章，提及魯師的闡釋知識論觀與自己的經驗不同，並表示情緒就是認知 (feeling is cognitive) 的意見，霍氏對於這一件事曾說：「我以爲我所尊敬的教授會給以嚴正的批評。可是當魯一士交還我的文章，他反而在那異議點上評注說：『這是你的透視；你應當堅持它。』他沒有同意我的意見，然而鼓勵我在那觀點上加以發揮。」❺ 這表明魯教授對於不同見解的開明態度與精神，以邏輯的方法激勵他的學生。霍金在研究院時代所經驗的所謂「情緒是認知」成爲他的理想主義的主要論點。

從思想方面看，無疑的，霍氏的哲學觀點很受導師魯一士的影響。他稱自己的哲學思想爲客觀理想主義 (Objective Idealism)，肯定上帝的實在性並可從直接與直覺方法來認知的。據霍氏的主張，概念與情緒、或理性與直覺可以聯合爲一，因爲他自己的經驗證明，情緒是認知的含意不僅僅是一種意志，也是一種知識。在這點上，一方面是霍氏對魯氏的闡釋理論的批評，因後者堅持自我知識不是感覺也非觀念，而是闡釋的，經驗知識爲不可能的；但另一方面，這可說是霍氏對魯氏的理想主義形而上學加以擴充。換言之，霍金的哲學思想是以魯一士的理想主義爲基礎，雖則霍氏不同意魯氏過於偏重理性辯證法，而忽視經驗的重要性。在《在人類經驗中的上帝之意義》這部古典論著中，霍氏把自己所着重的情緒是認知這透視詳細地加以解釋發揮，這指明他的理想主義是靠近並超過魯一士的哲學思想。

一九五五年七月三十一日在 洛杉 磯加 利福 尼亞 大學 校址

---

❺ 《魯一士與霍金》，頁 62。

(University of California in Los Angeles) 舉行魯一士誕辰
一百周年紀念會，霍金當時因膝部受傷未能出席，但應要求寫一
簡短的紀念詞在會上宣讀。霍氏在是年七月二十五日所寫的頌詞
值得把全文翻譯，他說：

> 偉大的藝術需要兩種特性：對於普通事物有一種持久意義
> 的眞正感覺，並對那意義所記錄的有一種不朽的正確性。
> 偉大的哲學需要第三特性：除了藝術家的視野與正確性之
> 外，哲學還需要在一種單純整體裏的各種視野不屈不撓地
> 追求一貫性。
> 藝術家與先知先覺者是使用直覺把他們的感覺一一記錄下
> 來，這可辯解爲正當的──對一貫性並不輕視，但相信從
> 長遠經驗所啟示的也能夠發現其連貫性。但是哲學不能僅
> 僅使用直覺而已。哲學是人類精神的信實，它從當前的藝
> 術與預示得到營養。在充滿着探索的豐富經驗之間，哲學
> 是爲着達到完善而堅決地努力。
> 尋求完善是理性的，並且需要人的全部決心，而不可能從
> 一種曖昧不明的圖表向一清楚的道路前進。
> 在我們這世紀的哲學家們中，魯一士堅持着他的清楚見識
> 的哲學任務。沒有任何人有對我們現時代的詩歌、藝術、
> 宗教，與科學之豐富的那種感受性比他更加廣大。但是他
> 知道哲學應當做的是什麼，他所供給我們的是羅恩貝克教
> 授⑯所稱爲「摘要的視野」(synoptic vision)，以及他的

---

⑯　羅恩貝克 (Jacob Loewenberg, 西元 1882～1969 年) 是魯一士的
　　一位高才生（筆者附注）。

　　信實與經久不斷的勇敢，生活在一個越加傾向於暫時寄居

　　避難所的時代中，他秉着這種精神爲人們的心靈與意志建

　　樹一個一體化的寓所。**⑰**

　這就是霍金對他所尊敬的導師魯一士仙逝三十九年之後在學術上
的地位的高尚評價。當時霍氏自己是一位八十二歲，被公認爲第
一流思想家之一，並是魯氏理想主義的繼承辯護者，從經驗方面
去發揮自己的客觀理想主義的哲學體系。

　　無疑的，魯一士與霍金這兩位師生所代表的理想主義學派在
美國哲學界占有重要的地位。最有趣的是，在歐洲受大影響的
是法國的著名有神存在主義者馬塞爾（ theistic existentialist
Gabriel Marcel, 西元 1889～1973年）。馬塞爾早年對魯一士的
哲學思想發生興趣而加以研究，並發表過幾篇有關魯氏的形而上
學文章。一九四五年，這部法文的書《魯一士的形而上學》（*La
Metaphysique de Royce*）在巴黎出版。此書的內容對魯氏的思
想作深刻的解釋與評價極受霍金的稱讚，於一九五六年由霍氏的
安排譯成英文**⑱**。在譯本的〈前言〉（Foreword），馬塞爾說，
他在未研究魯一士的著作之前，先讀過霍金的寫作，尤其對他大
有影響的鉅著《在人類經驗中的上帝之意義》。他認爲，無可疑
問的，霍氏這部書是魯氏思想的進一步發展**⑲**。馬塞爾對魯一士

---

　⑰　《魯一士與霍金》，頁 79～80。

　⑱　*Royce's Metaphysics*, by Gabriel Marcel (Paris, 1945, in
　　　French) translated into English, by Virginia & Gordon
　　　Ringer (Chicago, Henry Regnery Co., 1956). 以下用中文:
　　　《魯一士的形而上學》。

　⑲　同**⑱**，頁 x。

的闡釋知識論特別賞識，並認爲魯一士的理想主義與他自己的存在主義見解相關。馬氏的評價是：

> 魯一士的哲學——這是其大的價值——可以說是標誌一種絕對理想主義與存在主義思想之間的轉變。總言之，我應當強調，魯一士哲學的特殊與永久價值，我相信，魯一士的有效貢獻是他的倫理學朝着一具體方向促進，這與現代思想的需求深切的相符。[20]

雖則馬塞爾在形而上學多少受了魯一士的影響，然而霍金在哲學思想是較爲靠近魯一士的理想主義。總之，這表示魯一士的思想之影響不僅在美國本土，也在歐洲的哲學界。

　　本章僅提這四位思想卓越的哲學家與魯一士在世時，尤其是在哈佛大學那段期間，卽一八八二至一九一六年的特殊關係。詹姆士是魯一士交情最親密的摯友，但在哲學思想方面是站在兩不相同的立場。詹氏主張極端的經驗實用主義，魯氏堅持理性的絕對理想主義，然而這兩位大哲人始終持守彼此激勵，尊重對方見解的精神。魯一士與朴爾士在私人關係上不如他與詹姆士那樣親切，他對朴氏的邏輯與科學方法深爲賞識而獲益非淺。朴氏對魯氏的獨立具有創造性的思考亦極爲重視，可是他與詹姆士同樣地從實用主義觀點，均爲魯氏的絕對理想主義的批評者。山他雅那是魯一士一大批桃李中所看重的一位非凡高材生。但山氏對於魯一士的哲學思想體系從其學生時代開始就不表同情，而從自己的

---

[20]　《魯一士的形而上學》，頁 xii。

批評實在主義論點對魯氏的形而上學加以嚴厲的批評。魯一士與霍金的直接關係，從時間方面看，比起其他三位短，然而從哲學思想方面看，霍氏是魯氏的一位傑出的繼承者，代表當時在美國的一重要哲學學派，理想主義。

在美國二十世紀的二、三十年代，實用主義與實在主義這兩哲學學派逐漸發展，但是魯一士所倡導的理想主義至今還有其鞏固的影響力。

五、 總 結

魯一士是西方哲學史上的一位卓越的哲學體系建造者。從他遺下的宏量著作，這證明他所建造的哲學體系具有豐富的內容及淵博的學識。他的理想主義所關切的那些持久性的問題早已在古希臘的大哲人柏拉圖與亞里斯多德的體系裏解析過，但他受了近代德國大哲人康德與黑格爾的影響而把古典理想主義重新建造以適合當時美國的需要。

上面已把魯一士的哲學四大主題，卽形而上學、知識論、倫理學，與宗教哲學的探索分別解述。現在把他的體系的四個互相關係的中心概念總結一下。這四個概念是：第一，**絕對**；第二，**自我**；第三，**闡釋**；第四，**共和體**。

第一，**絕對這個概念是魯一士的形而上學的核心**，這就是他在《世界與個人》這部書中的主要概念。這絕對不僅僅是實實在在的，並且在邏輯上是必需存在的；其存在可由數學與理性辯證的方法來證明。魯氏也稱這絕對爲無限、永恆、全知者、上帝等。絕對是無限的，因爲在宇宙界的一切均是有限，有限必須含

着無限的意思。絕對是永恆的，因爲時間有過去，現在，與未來的分別，這分別含着一種超乎一切暫時性的永恆意思。絕對是全知者，因爲一切有限的認知者含着一超乎任何個別人的知識的意思。絕對也稱爲上帝，是人類界所追求的最高理想或至上目標，祂與人類界的關係是從下往上，而非由上往下的神祕啟示。但是，這絕對不是獨立存在着，其存在是依靠與人之間的關係，就是說，絕對全知者的實在性是顯示在宇宙界與人類界裏面。簡言之，這絕對的存在可通過否定的推測方法用邏輯加以論證[21]。

　　誠然，絕對這個形而上的概念是魯一士整個哲學體系的基礎，同時也是最難解的。因而，這個概念在當時曾經引起許多思想家的疑問，嚴厲的批評與攻擊。詹姆士與朴爾士都針對着絕對這概念加以爭辯，他們從實用與經驗的觀點均認爲絕對是一個無效用，無意義，不合邏輯的概念。

　　雖則魯一士在早年所強調的這絕對概念曾向其批評者強烈地辯護解析，有趣的是，在他晚年的著作中很少重提，尤其在他最後的論著《基督教的問題》書中僅僅提過三次。現在的問題是：究竟魯一士是否在晚年把絕對這形而上抽象概念放棄，而以闡釋的共合體這個切合實際的概念代替[22]？這是難以解答的疑問。學者對這個謎似的問題有不同的看法，有的以爲魯氏在晚年把絕對這個概念放棄。但這似乎僅是可能結論之一而已，無可疑問的是，魯一士的整個理想主義體系是他一生的思想歷程，這歷程是由抽象理論的概念開始而發揮轉向於實際應用的哲學概念上。

---

[21]　見《世界與個人》卷 1，頁 538～554。

[22]　見《魯一士的道德哲學》，頁 259～263。在此書作者 Peter Fuss 表示魯氏晚年放棄絕對主義（筆者附注）。

絕對這概念可說是魯一士從德國理想主義者黑格爾借用的，黑氏把絕對所下的定義是： 絕對就是心靈 （the absolute is mind）。這定義的含意是，一切有限的心靈都包括在無限的絕對之內，而失去其自由律。魯氏為了挽救有限的個別人或自我被吸收在無限的絕對之範圍內，在《世界與個人》書中，強烈地給以有說服力的爭論，一方面他確信絕對的存在之確實性與邏輯必要性，另一方面他認為絕對的存在與有限的有知覺的人類界是不能分開的。就是說，魯一士把絕對這概念的定義擴大了，不僅僅如黑格爾把絕對與心靈視為相同。因而，魯一士在晚年把絕對這概念伸展到其他有關實際方面的哲學問題上，而少提這個概念本身，這似乎是一可能的解答。

第二，**自我的概念是必須與絕對自我這概念聯繫在一起，因為自我是絕對的一部分，並是其最高目標的特殊表現。**魯一士對自我所下的定義是： 自我是思想者具有反省思維的能力，能回顧過去與瞻仰未來，這是他所稱為邏輯自我。還有，自我是從各種內在的活動以及外在複雜的社會關係，以保持自我特性，這是他所稱為經驗自我。但自我的最重要意義是魯氏所稱為理想自我。自我非一種物，而是一種在意識生活上具體化的獨特意義，這理想自我也是道德的行為者有其當盡的任務；這自我能夠意向自己的理想，並按所選擇的目標與計畫的途徑走。這理想自我是在時間之內，有其過去，現在，與未來的分別，然而當我們意識到這是一種連續不斷的整體，整個自我是一種自我代表或循環歷程，而非僅僅是這歷程的最後的一階段；因而，自我是無限，但也是局部的[23]。

---

[23] 見《世界與個人》卷 2，頁 268；卷 1，頁 447。

但是自我的生命意義必須把自己貢獻於所選擇的使命，這就是魯一士在其倫理巨著《忠的哲學》所關切的課題。忠是自我意向和實際以及徹底專心於一種使命❷。忠是人生意義的一必要條件，是自我實現的唯一途徑。忠不是一種形式上的原則，而是自我在一個具體的社團的活躍關係。這種關係不是一種神祕的混合，而是自我情願從屬，與個人爲集體所吸收完全兩樣❷。換言之，自我的基本道德責任是「爲忠而忠」，這含有雙方關係的意思，因爲自我的發展必是在一個社團裏才能完成。也就是說，自我的特賦才能之發展是要應用到增進社團的福利。

魯一士的自我與「爲忠而忠」這兩個倫理概念無疑地受康德的影響。康德認爲，自我是道德行爲者，同時也是「物自體」；相似的，魯氏的理想自我是有限道德行爲者，同時也是無限的。康德的名句「爲義務而義務」這道德的「絕對命令」原則被魯一士採用稱做「爲忠而忠」這道德理想理論，這兩種不同的語法均以自我的道德行爲作爲人類模範爲目標。在倫理觀點上，魯一士是一位康德的繼承思想家。

但在《忠的哲學》最後一章，魯氏特別提出，忠不僅僅是道德生活而已，在本質上它亦是宗教生活的一種來路。眞正爲忠而忠的精神是道德心與宗教心的完整綜合，魯一士對忠的最後定義是，它是自我願意相信某種永恆的確實性，並且從其實際生活表示他所相信的。因而，他把純道德家與純宗教家兩者之間的爭論調解了。

第三，**闡釋的概念是魯一士在晚年時候所着重的課題**。在

---

❷　見《忠的哲學》，頁 51。
❷　同❷，頁 113。

《基督教的問題》書中的第二部，他詳細地解析闡釋這概念在知識論及倫理與社會的重要性。他自認這概念是從朴爾士得來的，卽朴氏在早期的寫作曾經證明一切的比較，無論是數學、文學，或社會與歷史等學術方面，都必需有第三者或闡釋者；因而，闡釋的三要素是：符號或要闡釋的對象、有理解力的接受者及在上面兩者之間的闡釋者。因而，魯一士採用朴氏的闡釋理論去發揮他自己的知識論與倫理學以及宗教哲學。他認爲，傳統的所謂感覺與觀念這兩種知識的來源不能滿足認知者所需要的一貫性的經驗，任何有意義的認知歷程必需是一種闡釋的歷程，包括一闡釋者，一對象或符號需要闡釋的，以及一接受者這三方面。

但是，這闡釋的概念不僅僅是應用在他的知識論本身而已，魯一士把它的範圍擴大到社會上其他的認知者或傳達者。就是說，知識是社會性的；雖則個人的感覺知識與觀念知識分別各有其重要性，然而更重要的是把這兩種知識綜合爲闡釋知識，使其他認知者亦得共享這第三種的知識。這種闡釋的知識是由所提的三要素得來的，並存在於魯氏所稱爲闡釋的共合體裏面。

實際上，魯一士對黑格爾的辯證三步法，卽正（感覺知識），反（觀念知識）與合（闡釋知識）的含蓄意義有了深刻的理解。因而，他在闡釋這概念的貢獻是把這兩位大哲人的闡釋理論綜合而改造爲他自己具有創造性的論點。

第四，**共和體這個概念是魯一士自認爲他的哲學體系的最深主旨**。這個概念從童年時代的地理環境引起他的好奇心，而對在小村莊世界以外的大世界發生興趣，並經過一生的思維歷程逐步演進而系統地發揮的。這個概念就是魯氏的《基督教的問題》書中的中心課題，把其早年的本體論理論在實際的人類界中具體

化。他屢次強調，這共合體的意義不是指一般的社會集團。它是超過家庭、種族、國家這些普通的社會關係。它是一種特殊的組織，由一些志同道合的自我共合成爲一體，爲著促進一理想世界的實現使命而效忠。這個理想的共合體，也就是魯一士所稱爲普遍的共合體，愛的共合體，或無形的教會。上帝也就是這個絕對共合體的總稱。

但是，實現這闡釋的共合體是一遙遠的路程，必須通過無數的自我忠實者不斷地朝向人類界所意向的完整共合體這最高目標。簡言之，這是一種無限的闡釋歷程。還有，魯一士確信，自我的生命，無論從理論或實際方面看，是無意義的，除了是這共合體的成員之一，並且除了自我所屬的共合體能成就之外自我實現不能成就❷⑥。

魯一士在世的最後兩年特別關切有限的社團在無限的共合體的重要性，而把他幾十年所建造的宏大哲學體系，包括無限的共合體，縮小到個別人的範圍之內，並在他的《戰爭與保險》册中形容所謂「危險的一對」，即兩個人之間因不同興趣而發生衝突，必須有第三者爲闡釋調和者。這也是魯氏的三元論應用到一切對話的關係。總之，自我爲忠而忠，或忠於普世的共合體必須從人與人個別之間的關係爲出發點，但最終的目的是一切個別人與所屬的理想共合體，即魯氏所稱爲愛的共合體的關係。

魯一士，再次地說，是美國哲學黃金時代的一位突出的哲學家。在他的六十一年生命期間，從其約四十年的宏量著作，證實他是美國思想史最有才華的思想家之一。他的富有創造性的寫作

---

❷⑥　見《基督教的問題》，頁 313, 325。

範圍所包括的極爲廣大，除了普遍與技術的哲學論著之外，他對於數學、神學、文學、地理、教育、經濟、社會、政治等當前的問題都試圖在其寫作加以解答。

從思想史方法說，魯一士是當代的一位領導者。他把西方哲學史，尤其近代在德國盛行的哲學思想，以及美國這新興國家的傳統思想根據事實詳述加以調和。當時一般思潮受了科學發展的影響而反抗傳統的思想。但魯氏確信，歷史不全是死的東西，而是含有其現代性的意義。每一個人有其值得回顧的過去，以及其所期望的將來。同樣的，社會有其可珍惜的傳統，值得按照當前的需要加以發揚，因爲對過去的經驗有些正面的透視可以作爲開展未來的指南。實際上，魯氏所主張的理想主義是一種傳統的哲學學派，由他系統地加以現代化的闡釋。

但是，哲學是一種特殊的學科，不像歷史或數學有其被公認的一定知識範圍。形而上學的目的與內容是什麼？這是東西古今哲學家所爭論的一問題。哲學學派明顯地含有「百家爭鳴」的意思，並各有其興旺與衰退的時期。雖則魯一士當時是理想主義的主要代表思想家，然而在十九世紀末葉及二十世紀初已開始有反對理想主義的呼聲。這些反對理想主義的學派包括實用主義，邏輯實證主義，語言分析主義，存在主義，各從不同的角度針對着理想主義的形而上學加以攻擊。這是魯氏尚在世時及死後他的幾位繼承思想家所受到的挑戰。

無可疑問的，魯一士哲學體系的最難以理解的是他在早年時期所強調的絕對這理論概念。絕對是邏輯的必要並確實存在的，可以用理性辯證方法加以證明。但是屢經詹姆士，朴爾士，以及他的那些站在不同立場的卓越學生的辯駁批評，在晚年的成熟著

作書中他明智地少提絕對這概念，而常用較爲具體和易於理解的
共合體這概念以表白他的整個哲學體系所最關切的實際問題。這
就是他在《基督教的問題》這部最後巨著序言所說的：

> 我相信我現在這部書的主旨與我在早期所寫的幾部書，尤
> 其《世界與個人》書中，所闡述的哲學理想主義的根據點
> 在基本上是一致的。㉗

魯一士所代表的理想主義在美國現代哲學界並非一普遍的學
派，但其永久性影響力是無任何疑問的。在過去幾十年代期間，
魯氏的幾部重要遺著，包括《世界與個人》及《基督教的問題》
這兩部分別爲早期與晚年的傑作，均先後重行出版；並對魯氏的
哲學，如形而上學，倫理學，社會哲學，宗教哲學等，分別的研
究著作爲數相當可觀（見下面「參考書目」）。現在把魯一士哲
學思想的現代意義簡略地總結爲兩要點：

第一，魯一士的形而上理論是最引起與他立場不同思想家的
劇烈爭論與批評。假定他所持守的絕對理論觀，從語言或經驗方
面說，是所不能接受的。但這種說法並不算把本體論的基本問題
解決了。當然最簡單的答案是把這形而上的問題置之不理，好像
英國現代邏輯實證主義者埃亞（Alfred J. Ayer, 西元 1910～）
所主張把形而上學排除㉘。然而，這永久性的問題仍然存在，需

㉗　《基督教的問題》，作者序言，頁 38。
㉘　見 *Language, Truth, and Logic* (London, 1936) Chapter
　　I, on "Elimination of Metaphysics." 《語言，眞理與邏輯》，
　　第一章〈排除形而上學〉。

要尋求正面與合乎時代的解答。這種無畏勇敢的精神就是魯一士
一生在哲學探索歷程所表現的，對這形而上的持久不斷與引起爭
論的問題認爲是哲學的一種重要任務。

第二，根據他的本體論觀，魯一士確信，世界最終是一個龐
大的忠與愛的共合體，一切成員都是爲促進其實現的自我。人生
的意義是自我意向與這普世的共合體的目標爲計畫的目標。沒有
任何人能單獨生存，因爲自我與其同類以及自然界是有不能分開
的關係。爲忠而忠的崇高理想是人人應當在生活上實踐的道德義
務。魯氏這爲忠而忠的箴言，與康德的「爲義務而義務」，以
及《論語》書中的「己欲立而立人，己欲達而達人」❷❾的含意相
似，雖則魯一士再次強調「忠」這個概念含着道德與宗教的雙重
意義。總而言之，魯一士的特殊貢獻與持久價值是他的倫理道德
一貫地朝着具體實際的方面，這正是現代思想所需要的。以目前
人類界與自然界的種種危機現象，魯一士在倫理道德思想上的成
就，很能够感悟現代人爲自我與他所稱爲共合體的大我之實現而
重新努力。

---

❷❾　《論語・雍也》。

英 文 摘 要

(*A Summary in English*)

Josiah Royce (1855~1916) was one of the mainstays of the so-called golden period of American philosophy, approximately from 1880 to 1930. During this period a galaxy of distinguished thinkers representing the American spirit, aside from Royce, included William James (1842 ~1910), Charles Peirce (1839~1914), George Santayana (1863~1952), and John Dewey (1859~1952).

Royce was born on November 20, 1855, of middle class parents in Grass Valley, California, a small town which came into exsitence only a few years before he did. At an early age he was already conscious of the new but isolated community in which he lived and often wondered about what the great world beyond was. His first schooling came from his mother, a teacher and a pious Christian, and his older sisters, with whom he was in happy relation. In 1866 when Royce was eleven years of age, the family moved to live in San Francisco, and in 1871 he entered the University of California. Four years later, in 1875, at the age of twenty he obtained the bachelor's degree with distinction. Soon after his graduation he received financial assistance from a group of business men, which enabled him to study in Germany for one year and to attend lectures given by Rudolph Hermann Lotze (1818~1881) at Göttingen. In 1876 he returned to the United States and enrolled in the graduate school at John Hopkins University, where he heard lectures by William James and Charles Peirce, and in 1878 he received his doctorate. Being offered a teaching position at the University of California, Royce went back to his alma mater for the following three years, and during this short period his first book on logical analysis appeared. In 1882 through James' recommendation, Royce was offered a one year appointment in the Department of Philosophy at Harvard University. This temporary position turned out to be a permanent one as a result of his being well received. Having settled at Harvard, Royce, being a prolific writer and endowed with a massive mind, produced voluminous philosophical works, one after another, and numerous articles covering an exceedingly wide range of subject matters, published in American and British periodicals. In addition to his teaching duties, he was much in demand as a public speaker. On September 14, Royce died at a relatively young age of not quite sixty-one.

This volume is a study of Royce's philosophical

system dealing with four main divisions, namely, metaphysics, epistemology, ethics, and philosophy of religion. The former two are theoretically oriented and the latter two practically emphasized.

1. Metaphysically, Royce is an absolute or objective idealist. His form of idealism is different from the traditional approach in that, while the prevalent idealism in America was primarily intuitive and literary in method, Royce utilized philosophical analysis to expound the proper relationship between thought and reality, or the idea and the object, thus freeing himself from conventional religious and sectarian orthodoxy.

In the West the concept of being is one of the oldest and most persistent philosophical issues. For Royce, the nature of being is to be determined through the interpretation of the process of being known. He is convinced that it is possible to attain general knowledge of being if we can find out the proper relationship between our ideas and the real world. In his masterpiece on metaphysics, *The World and the Individual*, in two volumes (1899, 1901), Royce examines three historical conceptions of being, namely, realism, mysticism, and critical rationalism, on each of which he gives a critical analysis.

Realism, the first conception of being, according

to Royce, is that to be is to be independent of being known; therefore, the idea and the object are mutually unrelated. He argues: "The real beings... logically independent of one another, have no common features, no ties, no true relations; they are sundered from one another by absolutely impassable chasms;... they are not in the same space, nor in the same time, nor in the same natural or spiritual order."❶ In brief, for Royce, the realist conception is a kind of pluralism and cannot meet the need of spiritual life.

Mysticism, the second conception of being, for Royce, is the theory that to be is to be immediately experienced; hence, mysticism does not separate the idea from the object as realism does. The fallacy lies in its appeal to pure experience at the neglect of analytical reason. Royce's criticism of mysticism is: "Being is therefore nothing beyond yourself.... To be means to quench thought in the presence of a final immediacy which completely satisfies all ideas."❷ Therefore, he argues that to be is not merely immediate, because immediacy is only one aspect of being.

Critical rationalism, the third conception of being, is that to be is to be valid, meaning that being must be

---

❶ *The World and the Individual*, I, pp. 131∼132.
❷ *Ibid.*, p. 186.

logically proved. Although Royce admits that critical rationalism is superior to the first two conceptions of being in that it combines the external meaning of ideas held by realism and the internal meaning of ideas emphasized by mysticism, critical rationalism has its own difficulty. The problem of critical rationalism, as Royce sees it, is: "What is valid or a determinately possible experience at the moment when it is supposed to be only possible? When we speak of such truths as barely valid, as merely possible objects of experience, they appear... as mere universals."❸ For Royce, critical rationalism fails because it treats of only the abstractly universal valid, as there is no such thing as merely possible truth apart from some actual experience of a determinate individual.

Royce's summary of the above three historical conceptions of being is "What is, is authoritative over against finite ideas, as Realism asserted, is one with the true meaning of the idea, as Mysticism insisted, and is valid, as Critical Rationalism demanded."❹

Being dissatisfied with these three conceptions for reason of inadequacy, each in its own way as stated above, Royce attempts to bring them into synthesis by

---

❸ *The World and the Individual*, I, p. 260.

❹ *Ibid.*, p. 358.

constructing his own view, the fourth conception of being. The thesis is that to be is to be the object of true ideas, that is to be the individual fulfilment of a purpose. To quote his own words, "What is, or what is real, is as such the complete embodiment, in individual form and in final fulfilment, of the internal meaning of finite ideas."❺

Royce's definition of an idea is "any state of consciousness, whether simple or complex, which, when present, is then and there viewed as at least the partial expression or embodiment of a single conscious purpose." ❻ An idea implies two senses: on the one hand, its internal meaning is the expression of a purpose or intention; and on the other hand, its external meaning is an idea of something as a dimension of completing a purpose. But our judgments of ideas in relation to objects are subject to errors, which are real. Royce uses this experience to argue that since an error is an incomplete thought compared to a higher thought, this argument implies that such a higher inclusive thought with comprehensive knowledge must exist. He is therefore convinced that the existence of an absolute knower is both a logical necessity and an actuality, as errors

---

❺ *The World and the Individual*, I, p. 339.
❻ *Ibid.*, p. 22.

imply an infinite being who is able to grasp the truth wholly. Royce further insists that this absolute knower does not exist independently, but is inseparably related to all finite ideas or knowers as part of the infinite. This fourth conception of being embraces a systematic doctrine of the absolute, of man, and of the world with all finite selves for the fulfilment of the ultimate purpose of the absolute self. And, according to Royce, it is this conception alone which can explain the correspondence between an idea and an object, the latter of which is intended by the idea other than itself. In brief, individual finite selves are within the infinite self, together with the world of facts.

2. Epistemologically, Royce's theory of interpretation is an original contribution he has made. He duly acknowledged his debt to Charles Peirce for initiating the idea of interpretation in relation to the logical theory of signs. Royce adopted the concept of interpretation as a third kind of knowledge and made it more basic foundation of his epistemology than the prevalent two types of knowledge, namely, perceptual knowledge and conceptual knowledge.

Royce regards Kant as the true hero of all modern thought[7], for it is Kant who defines knowledge as

---

[7] See *The Spirit of Modern Philosophy*, p. viii.

experience rationalized, thus synthesizing the epistemological controversy between the seventeenth century rationalism and the eighteenth century empiricism, as expressed in his famous statement: "Concepts without percepts are empty, percepts without concepts are blind. " But for Royce, the main fault of Kant's thought is that since his theory of knowledge is limited to the phenomenal world and no knowledge is beyond experience, he is driven to deny the knowability of the noumenal world. This agnostic position is not acceptable to Royce. While Kant rules out metaphysics, Royce is bold enough to assert the knowability of the absolute by finite knowers through rational dialectic method of interpretation.

The theory of interpretation, as emphasized by Royce, makes it possible to transcend the dualism of perception and conception, since not everything can be reduced to either being perceived or conceived, as no one can perceive or conceive another person's mind or state of consciousness. Therefore, interpretation, the third mode of knowledge, is needed in our cognitive processes in triadic relation. The triadic structure of knowledge consists of a three-term relation: (1) a sign or something or be interpreted, (2) an interpreter, (3) the interpretation addressed to someone or the expression of the interpreter's mind. This interpretative process entails an infinite series of interpretations and an endless variety of mutual interpretations, since the interpretation of a sign is the expression of an interpreter's mind, which is a new sign and, again, calls for a new interpretation; and so on endlessly.

Furthermore, Royce's theory of interpretation enables him to relate the interpersonal communication and the concept of time, as he writes: "Time... expresses a system of essentially social relations. The present interprets the past to the future. At each moment of time the results of the whole world's history up to that moment are... summed up and passed over to the future for its new deeds of creation of interpretations."
❽ In short, consistent with his metaphysical viewpoint, Royce's daring assertion is that the world of persons, objects, and events, which we finite knowers interpret in light of our temporal experience, manifests the existence of an absolute knower and interpreter who alone is able to grasp time from the perspective of eternity.

3. Ethically, Royce's moral philosophy in the early years is expressed in *The Religious Aspect of Philosophy* (1855) in which he starts with his criticism of two

---

❽ *The Problem of Christianity*, p. 344.

historical schools, namely, ethical realism and ethical idealism. Ethical realism takes the position that moral values and distinctions are justified by referring to external facts. E-thical idealism, on the contrary, holds that such distinctions can be justified by appealing to the inner consciousness of the moral agent. For Royce, each of these two schools represents only a one-sided moral point of view, i.e., moral objectivity of ethical realism and moral autonomy of ethical idealism. In the history of Western ethics, Royce mentions several main ethical theories, such as Greek ethics, Christian ethics, "moral sense" theories, evolutionary theory, hedonism, and indicates the strength and weaknesses of each. These conflicting views result in the rise of moral skepticism, which may be solved, however, if skeptic attitude is reflective and constructive. His early solution to the conflicting viewpoints is guided by the double ethical principle: the freewill and moral obligation of the individual self.

The notion of self is interpreted by Royce in three different senses. First, the logical self is, as a thinker, the necessary presupposition of all reflective thinking. Second, the empirical self is defined as "the whole man at work, " including one's life plan and all kinds of activity in the past and the future. The third and most significant sense is the ideal self, which belongs to the ethical category, since the individual has the moral obligation to achieve self-realization through his life plan and purpose.

Royce's analysis of human selfhood in terms of the ideal self leads him to the ultimate ethical principle developed in the later years of his life, that is, the principle of loyalty to loyalty as the highest virtue, as forcefully expounded in *The Philosophy of Loyalty* (1908), still one of his best known books. In his Preface to the volume, Royce writes, "I am writing, in this book, not merely and not mainly for philosophers, but for all those who love... ideals, and... their country,... To simplify men's moral issues, to clear their vision for the sight of the eternal, to win their hearts for loyalty...."❾ What is loyalty? Royce's definition is, "loyalty is the willing and practical and thoroughgoing devotion of a person to a cause."❿ Emphasizing ethics as a practical discipline of philosophy, Royce attempts to convey his message that the meaning of life in human self depends on one's dedication to a cause or goal. He is aware of the fact that although every cause involves some kind of loyalty, not

---

❾ *The Philosophy of Loyalty*, p. xi.
❿ *Ibid.*, p. 10.

every cause aims at the true loyal spirit and some evil causes are destructive for the individual self and community. Therefore, it is only through loyalty to loyalty itself that the self can achieve his ethical goal objectively. The ideal self is to live a life of loyalty which will further the loyalties of his fellowmen. Serving this universal cause of loyalty, the individual can achieve not only his own highest good, but also that of humankind as a whole. This supreme ethical principle of loyalty to loyalty, one of the distinctive contributions of Royce to moral philosophy, is to guide the individual moral agent in search of self-fulfilment and the well-being of a universal community.

But Royce reminds his reader repeatedly that loyalty is both an ethical and a religious principle, because an essentially loyal man is in spirit essentially a religious man, and loyalty is the will to manifest the superhuman unity of life in moral action of the individual self. As simply stated by Royce, "Loyalty is the Will to Believe in something eternal, and to express that belief in the practical life of a human being."⓫

4. Religiously, Royce's lifelong interest in religious matters is obviously related to his being brought up in a Christian family under the guidance of his mother. He

---

⓫ *The Philosophy of Loyalty*, p. 357.

analyzes the religious functions in his early work, *Religious Aspect of Philosophy* (1855). In *The Problem of Christianity* (1913), a later major work, Royce specifically develops his philosophical interpretation of the Christian religion on three central ideas, namely, the church, sin, and atonement relevant to contemporary language and needs. The basic question raised in the book is, "In what sense can the modern man consistently be, in creed, a Christian?"[12] To answer this question, Royce gives these three great ideas of traditional Christianity his metaphysical interpretation in relation to the thought of the present time.

The first is the church, which Christianity brought to the world, also called by Royce the idea of universal community, beloved community, invisible church, or great community. This community is not a casual, ordinary collection of people; it is a spiritual community of all, regardless of color, race, and land, who seek for salvation through loyalty and live in spirit. As Royce affirms, "there is a certain universal and divine spiritual community. Membership in that community is necessary to the salvation of man."[13] The second is sin, which is interpreted by Royce as the idea of a

[12] *The Problem of Christianity*, p. 62.
[13] *Ibid.*, p. 72.

moral burden of the individual. As he describes, "The individual human being is by nature subject to some overwhelming moral burden from which, if unaided, he cannot escape. " ⓮ The third is atonement, or the idea of redemption. Again, in Royce's own words, "The only escape for the individual, the only union with the divine spiritual community which he can obtain, is provided by the plan for the redemption of mankind. And this plan is one which includes an atonement for the sins and the guilt of mankind. "⓯ These statements suggest that Royce attempts to demythologize the traditional Christian faith. The center of the Christian faith is not the person or sayings of the founder, nor the tradition of Christology; its core is the spirit, the beloved community, the work of grace, the atoning deed, and the power of the loyal life⓰.

Furthermore, Royce insists that religion is not merely an individual experience, as held by William James, but a social experience. Therefore, any experience to be meaningful must be communal. His philosophy of Christianity is not theological, but practical in essense, as he writes, "What is practically necessary

---

⓮ *The Problem of Christianity*, p. 72.
⓯ *Ibid.*, p. 73.
⓰ See *Ibid.*, pp. 403~404.

is therefore this: Let your Christology be the practical acknowledgement of the Spirit of Universal Community and Beloved Community. This is the sufficient and practical faith."❶

Again, Royce applies his theory of interpretation to the idea of community in that a community of interpretation is a triadic relation which involves three parties, an interpreter, a person being interpreted, and someone to whom the interpretation is directed. This process of interpretation is never ending, since what has been interpreted requires further interpretation, which is a creative act with the purpose of bringing about mutual understanding of loyalty and love in the beloved spiritual community.

In conclusion, Royce is unquestionably one of the best minds in the history of American philosophy. Since his youth Royce was an earnest defender of idealism, which he developed into a comprehensive philosophical system during his thirty-four year career at Harvard University(1882~1916). However, the absolute idealistic position firmly held by Royce was directly challenged by his distinguished contemporaries, William James, Charles Peirce, and George Santayana, with the concept

---

❶ *The Problem of Christianity*, pp. 403~404.

of the absolute as their target of criticism and attack, each arguing from his own philosophical position. Take James' remark for instance, "the Absolute will remain for me a hypothesis to be tested by its use,..."[18] Perhaps over the years Royce was aware of the difficulties involved in the idea of the absolute because in his later writings the idea seldom appeared. Instead the more concrete and comprehensible idea of universal community became his primary concern. With the growth of pragmatism, realism, analytic philosophy, and existentialism during the first few decades of the twentieth century, Royce's name and philosophical idealism have been neglected.

Royce's influence on some of his outstanding students should, however, not be underestimated, among whom William Hocking (1873~1966) may be mentioned here as one of his able defenders whose idealism is an expansion, or rather, an advance of Royce's absolute idealism. While Royce emphasizes the rational dialectic approach to philosophy, Hocking pays greater attention to experience or feeling in our cognitive processes. Hocking's admiration and respect for Royce is well expressed in the statement entitled "On the Centenary

---

[18]　quoted in *The Life and Thought of Josiah Royce*, p. 269.

Year of Royce's Birth" written on July 25, 1955. He says, "... Among the thinkers of our century Josiah Royce stands out for his clear sense of the task of philosophy. No one has a wider sensitivity than he for the wealth of our time in poetry, in art, in religion, in science. But he knew what philosophy must do, and what he has given us is... his 'Synoptic Vision,' together with good faith and the unfailing courage with which he built an integrated dwelling for the mind and will of man, in an age more and more disposed to live in temporary shelters. "[19] This evaluation is a most fitting tribute to Royce.

Despite the fact that Royce is a somewhat forgotten man in American philosophical circles, it is interesting to note that in the second half of this century, a great number of his major writings have been reprinted and studies on Royce's different aspects of philosophy have appeared (See *Bibliography,* pp. 209~216). This is indicative of the lasting value and contemporary significance of Royce, who possessed both intellectual power and moral courage to deal with the perennial issues of philosophy, as systematically expounded in his philosophical idealism.

---

[19] *Royce and Hocking-American Idealists,* p. 80.

魯一士年表

1855年 十一月二十日誕生於美國加利福尼亞州的採礦營小村莊果士山谷(Grass Valley, California),是魯氏夫婦 (Josiah Royce, Sr., 西元1812~1888年, Sarah Bayliss Royce, 西元1819~1891年) 獨子,他有三位姊姊。

1866年 他母親是童年時代的教師。十一歲進三藩市林肯初級學校 (Lincoln Grammar School, San Francisco)。

1869年 進三藩市男中 (San Francisco Boys' School),現羅韋中學 (Lowell High School)。

1870年 轉學加利福尼亞大學預科班 (Preparatory Class of the University of California)。

1875年 獲得加利福尼亞文學學士學位,主修土木工程。

1875~
1876年 往德國留學,先在海德堡 (Heidelberg), 繼往利畢芝 (Leipzig); 後到哥提根 (Göttingen) 授學大師洛子 (Rudolf H. Lotze, 西元1817~1881年)。

1876年 返美國進波提摩亞州霍金斯大學 (Johns Hopkins University) 研究院專攻哲學。

1878年 獲得霍金斯大學哲學博士,論文題目〈知識原則的互相依賴: 知識論基礎問題的研究〉(**Of the In-**

terdependence of the Principles of Knowledge:
An Investigation of the Problems of Elementary
Epistemology)。

1878年 回母校加利福尼亞大學任英語與文學助教。

1880年 與海德女士 (Katherine Head) 結婚。

1882年 第一部書《邏輯分析入門》(*Primer of Logical Analysis*) 問世，並出版十五篇論文。秋天由詹姆士推薦應哈佛大學一年之聘。因受歡迎哈大成爲其終身職位學院。

1885年 《哲學的宗教方面》(*The Religious Aspect of Philosophy*) 出版；同年升爲助教授。

1886年 《加利福尼亞》(*California*) 出版。

1889年 魯一士 夫婦 及三兒 子定 居在 劍橋 (103 Irving Street, Cambridge, Massachussetts)。

1892年 升爲哈佛大學哲學歷史教授，《近代哲學的精神》 (*The Spirit of Modern Philosophy*) 出版，此書爲1889～1890年幾篇連續講稿集。

1894年 任哈佛大學哲學系主任爲期四年。

1897年 《上帝觀》(*The Conception of God*) 出版。

1898年 《善與惡的研究》(*Studies of Good and Evil*) 出版。

1899年 接受基福德講座 (Gifford Lectures) 往蘇格蘭亞伯爾丁大學 (University of Aberdeen, Scotland) 作兩次連續演講，講稿成爲《世界與個人》(*The World and the Individual*) 兩部形而上學巨著，

分別在 1899, 1901 年出版。

1902年　加利福尼亞大學暑期學校講學。

1903年　《心理學大綱》(*Outline of Psychology*) 出版。
春季例假，秋季在哥倫比亞大學作連續演講，題目
〈思維歷程的幾種特質〉(Some Characteristics of
the Thinking Process)。

1904年　《斯賓莎兒》(*Herbert Spencer*) 出版。

1906年　在霍金斯大學講學，題目〈後康德理想主義的幾方
面〉(Some Aspects of Post-Kantian Idealism)。
他死後於 1919 年出版爲單行册 《近代哲學演講》
(*Lectures on Modern Philosophy*)。

1908年　《忠的哲學》(*The Philosophy of Loyalty*);
《種族問題，地方主義，及其他美國問題》(*Race
Questions, Provincialism, and Other American
Problems*) 相繼出版。

1911年　《詹姆士及人生哲學論文》(*William James and
Other Essays on the Philosophy of Life*)。

1912年　《宗教透識之路》(*The Sources of Religious
Insight*) 出版。

1913年　《基督教的問題》(*The Problem of Christianity*)
出版。

1914年　榮膺哈佛大學自然宗教，道德哲學，與公民政體奧
福德教授(Alford Professor of Natural Religion,
Moral Philosophy and Civil Polity); 《戰爭與
保險》(*War and Insurance*) 出版。

1916年 《對偉大共合體的期望》(*The Hope of the Great Community*) 脫稿。

九月十四日在麻州劍橋去世。

參 考 書 目
(Bibliography)

一、魯一士原著部分 (Works by Josiah Royce)：
（下列魯一士重要著作以出版年排列）

1. *Primer of Logical Analysis for the Use of Composition Students* (San Francisco: Bancroft & Co., 1881).

2. *The Religious Aspect of Philosophy* (Boston & New York: Houghton, Mifflin, 1885).
   Reprinted as a Harper Torchbook (New York: Harper & Brothers, 1958).

3. *California from the Conquest in 1846 to the Second Vigilance Committee in San Francisco [1856]: A Study of American Character* (Boston & New York: Houghton, Mifflin, 1886).
   Reprinted (New York: A. A. Knoff, 1948).

4. *The Feud of Oakfield: A Novel of California Life* (Boston & New York: Houghton, Mifflin, 1887).

5. *The Spirit of Modern Philosophy* (Boston & New York: Houghton, Mifflin, 1892).
   Reprinted (New York: Norton, 1967).

義大利文譯本 Italian translation by Giuseppe Rensi, *Lo spirito della filosofia moderna,* 2 vols. (Bari: Laterza et Figli, 1910).

西班牙文譯本 Spanish translation by Vincente P. Quintero, *El espiritu de la filosofia moderna* (Buenos Aires, 1947).

6. *The Conception of God: A Philosophical Discussion concerning the Nature of the Divine Idea as a Demonstrable Reality* (New York: Macmillan, 1897).

7. *Studies of Good and Evil*-A series of essays upon the problems of philosophy and life (New York: Appleton, 1898).

Reprinted (Hamden, Connecticut: Archon Books, 1964).

8. *The World and the Individual,* 2 vols. (New York: Macmillan, First series on the Four Historical Conceptions of Being, 1899; Second series on Nature, Man, and the Moral Order, 1901).

Reprinted (New York: Dover Publications, 1959).

義大利文譯本 Italian translation by Giuseppe Rensi, *Il Mondo* e L'Individue, 4 vols. (Bari: Laterza et Figli, 1913~1916).

9. *The Conception of Immortality* (Boston & New York: Houghton, Mifflin, 1900).

Reprinted (New York: Greenwood Press, 1968).

10. *Outline of Psychology: An Elementary Treatise with Some Practical Applications* (New York: Macmillan, 1903).

   義大利文譯本 Italian translation by Umberto Forti, *Limeamenti di Psicologia* (Bari: Laterza et Figli, 1928).

11. *Herbert Spencer: An Estimate and Review* (New York: Fox, Dufflied, 1904).

12. *The Philosophy of Loyalty*(New York: Macmillan, 1908).

   義大利文譯本 Italian translation by Giuseppe Rensi, *La filosofia della fedelta* (Bari: Laterza et Figli, 1927).

   西班牙文譯本 Spanish translation by Vincente P. Quintero, *Filosofia de la fidelidad* (Buenos Aires, 1949).

13. *Race Questions, Provincialism, and Other American Problems* (New York: Macmillan, 1908).
   Reprinted (Freeport, New York: Books for Libraries Press, 1967).

14. *William James and Other Essays on the Philosophy of Life* (New York: Macmillan, 1911).

15. *The Sources of Religious Insight* (New York: Scribner, 1912); also published in England, Edin-

burgh: T & T Clark, 1912).

Reprinted in paperback (New York: Scribner, 1963).

中文譯本 Chinese translation by Siu-chi Huang, *Modern Idealism* (Christian Classics Library, 2nd Series, No. 1961, pp. 449~653); 黃秀璣譯, 《近代理想主義》（「基督教歷代名著集成」，第二部，第十四卷，頁 449~653）。

16. *The Problems of Christianity*, 2 vols. (New York: Macmillan, 1913).

Reprinted (Hamden, Connecticut: Archon Books, 1967).

Also reprinted in a single volume (Chicago & London: University of Chicago Press, 1968).

義大利文譯本 Italian translation by E. Codigniola, *Il problema del cristianesimo*, 2 vols. (Florence: Vallecchi, 1924~1925).

17. *War and Insurance* (New York: Macmillan, 1914).

18. *The Hope of the Great Community* (New York: Macmillan, 1916).

Reprinted (Freeport, New York: Books for Libraries Press, 1967).

二、魯氏遺著出版部分 (Posthumous Publications):

1. *Lectures on Modern Idealism*, edited by Jacob

Loewenberg (New Haven: Yale University Press, 1919). Reprinted (New Haven: Yale University Press, 1964).

2. *Fugitive Essays*, edited by Jacob Loewenberg (Cambridge: Harvard University Press, 1920). Reprinted (Freepot, New York: Books for Libraries Press, 1968).

3. *Josiah Royce's Semina: 1913~1914*, As Recorded in the Notebooks of Harry T. Costillo, edited by Grover Smith (New Brunswick, New Jersey: Rutgers University Press, 1963).

4. *The Religious Philosophy of Josiah Royce*, edited by Stuart Gerry Brown (Syracuse: Syracuse University Press, 1952).

5. *Royce's Logical Essays: Collected Logical Essays of Josiah Royce*, edited by Daniel S. Robinson (Dubuque, Iowa: Wm C. Brown Co., 1951).

6. *The Social Philosophy of Josiah Royce*, edited by Stuart Gerry Brown (Syracuse: Syracuse University Press, 1950).

7. *The Letters of Josiah Royce*, edited by John Clendenning (Chicago: University of Chicago Press, 1970).

8. 較爲完整書目及注釋，參閱 John C. McDermott, *Basic Writings of Josiah Royce*, 2 vols., edited

with an introduction, including an annotated bibliography of Josiah Royce, prepared by Ignas K. Skrupskelis (Chicago: University of Chicago Press, 1964), pp. 405~435.

三、其他書目部分 (Works on Josiah Royce:) (對魯一士的哲學研究著作以姓氏字母爲序)

1. Buranelli, Vicent, *Josiah Royce* (New York: Twayne Publishers, Inc. , 1964).

2. Clendenning, John, *The Life and Thought of Josiah Royce* (Madison, Wisconsin: The University of Wisconsin Press, 1985).

3. Cotton, J. Harry, *Royce on the Human Self* (Cambridge, Massachusetts: Harvard University, 1965).

4. Cunningham, G. Watts, *The Idealistic Argument in Recent British and American Philosophy* (New York: Century, 1933).

5. Fuss, Peter, *The Moral Philosophy of Josiah Royce* (Cambridge, Massachusetts: Harvard University Press, 1965).

6. Loewenberg, Jacob, *Royce's Synoptic Vision* (Baltimore: John Hopkins, Centennial Publishers, 1955).

7. Marcel, Gabriel, *La Metaphysique de Royce* (Paris, 1945). English translation by Virginia and

Gordon Ringer, *Royce's Metaphysics* (Chicago: Henry Regnery Co., 1956).

8. McDermott, John, edited with an introduction, *Basic Writings of Josiah Royce*, 2 vols. (Chicago: University of Chicago Press, 1969, including an annotated bibliography of Josiah Royce by Ignas K. Skrupskelis).

9. Muirhead, John H., *The Platonic Tradition in Anglo-Saxon Philosophy* (London: Allen and Unwin, 1931).

10. Perry, Ralph Babton, "Two American Philosophers: William James and Josiah Royce," *In the Spirit of William James* (New Haven: Yale University Press, 1938).

11. Robinson, Daniel Sommer, *Royce and Hocking-American Idealists* (Boston: the Christopher Publishing House, 1968).

12. Roth, Robert J., *American Religious Philosophy* (New York: Harcourt, Brace & World, 1967).

13. Santayana, George, "Josiah Royce," in *Character and Opinion in the United States* (New York: Scribner, 1967).

14. Smith, John E., *Royce's Social Infinite: The Community of Interpretation* (New York: Liberal Arts Press, 1950; Archon Books, 1969).

附注:

(1) 有關魯一士哲學思想的文章，見 John E. Smith, *Royce's Social Infinite* (Archon Books, 1969) on Articles and Notices.

(2) 魯一士的未出版遺著保存在哈佛大學檔案館。(Royce's unpublished papers are in the Harvard University Archives.)

(3) 魯一士最完整的出版著作集存在加利福尼亞大學洛杉磯分校的研究圖書館。(The most complete collection of Josiah Royce's published works are in the Special Collections Department of the Research Library, the University of California, Los Angeles.)

索　引

一、中西文人名名詞（按筆畫排列）:

一　畫

一元論（monism）　26, 58-59, 70, 77, 124, 130, 163

二　畫

二元論（dualism）　49, 55, 58, 61, 64, 70, 71, 72, 77, 144

人本主義（humanism）　81, 130

三　畫

山他雅那（George Santayana）　21, 27-30, 170-173, 177

上帝（God）　11, 15, 17, 19, 20, 22, 26, 36, 40, 50, 64, 69, 89, 90,
　100, 123-132, 133, 137, 141, 146, 147, 149, 151, 152, 154, 159,
　167, 171, 174, 179, 183

工具主義（instrumentalism）　31, 80, 81

四　畫

孔子（丘，仲尼，西元前 551～479年）　48, 106, 144

心靈（mind）　12, 16, 18, 19, 20, 29, 33, 40, 42, 49, 50, 52, 57, 64,
　65-70, 73, 176, 180

牛頓 (Sir Issac Newton) 17, 18

內在意義 (internal meaning) 41, 46, 51, 54, 60, 61, 146, 147, 159

不可知主義 (agnosticism) 44, 69, 71, 76, 84, 132, 165, 171

巴特力 (Joseph Butler) 90-91

分析哲學 (analytical philosophy) 34, 66, 184

五　畫

加爾文主義 (Calvinism) 15, 16, 19

加爾文 (John Calvin) 15, 16

可爾登 (Cadwallader Colden) 17

本體論 (ontology) 35, 42, 44, 60, 125, 182, 185, 186

外在意義 (external meaning) 51-54, 60, 61

永生 (immortality) 54, 123, 143-147, 159

尼采 (Friedrich Nietzsche) 81

史密斯 (John E. Smith) 98

世界 (world) 55-58, 59, 60, 61, 69

六　畫

存在主義 (existentialism) 175-176, 184

共合體 (community) 97-98, 108, 130, 142, 174-159, 160, 168, 178, 182-183, 186

伊格所演講會 (Ingersoll Lecture) 13

朴爾士 (Charles S. Peirce) 21-24, 30, 31, 71, 73, 74, 79, 98, 166-169, 177, 179, 182, 184

自由意志 (free will)　16, 17, 26, 52, 53, 54, 55, 100-102, 103,
　　120, 123, 125, 127-135, 140, 159

自我 (self)　45, 46, 49, 52, 57, 58, 59, 63, 69, 76, 92, 98, 99-105,
　　120, 125-126, 135, 156, 178, 180-181, 183, 186

自我主義 (egoism)　92

自我實現 (self-realization)　96-99, 100-106, 110, 112, 113,
　　120, 181, 183

自然主義 (naturalism)　29, 30, 171, 172

自律意志 (autonomy of the will)　103

多元論 (pluralism)　26, 39, 58-59, 81, 163

《老子》　48-49

休謨 (David Hume)　49, 65, 66-67

米爾 (John Stuart Mill)　92

七　畫

批判理性主義 (critical rationalism)　12, 37, 41-44, 45, 46,
　　60-61, 71, 144-145

杜威 (John Dewey)　8, 21, 30-32, 80

社會向善論 (meliorism)　31

折衷主義 (eclecticism)　37

利他主義 (altruism)　92, 93-94, 113, 154

八　畫

孟子 (軻，西元前約 372～279年)　20, 40, 91

叔本華 (Arthur Schopenhauer)　5, 53, 70, 94

林肯 (Abraham Lincoln) 3, 9

耶穌基督 (Jesus Christ) 40, 89-90, 137, 140, 141, 142, 148, 149, 155

空間 (space) 54, 67, 68, 69, 102, 145, 146, 165, 168

忠，爲忠而忠 (loyalty, loyalty for loyalty) 106-121, 151-155, 156, 157, 160, 166, 181, 183, 186

物質 (matter) 17, 33, 52

亞里斯多德 (Aristotle) 35, 52, 89, 160, 178

九 畫

洛子 (Rudolf Hermann Lotze) 4, 27, 170

革爾曼 (David C. Gilman) 5, 6

神祕主義 (mysticism) 12, 20, 37, 39-41, 42, 45, 49, 59-60, 71, 130, 155

洛委研究所 (Lowell Institute) 14

洛克 (John Locke) 16, 17, 18, 65

信仰 (faith) 26, 36, 37, 60, 85, 115, 119, 123, 124, 126, 131, 155

柏克萊 (George Berkeley) 16, 65, 66

柏拉圖 (Plato) 35, 42, 53, 88, 89, 144, 178

柏羅丁那斯 (Plotinus) 40

眞理 (truth) 20, 25-26, 36, 43, 46, 48, 59, 60, 64, 78-83, 84-85, 114-118, 121, 128, 137, 165-166, 169, 171

幽克里得 (Euclid) 80, 82

相對主義 (relativism) 81

勃朗寧夫人 (Elizabeth Barreff Browning) 129-130

美（beauty） 38, 70

十 畫

馬賽爾（Gabriel Marcel） 176-177

海德（Katherine Head Royce） 7

恩默孫（Ralph Waldo Emerson） 19-20

時間（time） 53-54, 67, 68, 69, 76, 102, 145, 146, 157, 165, 168, 179

個人主義（individualism） 81

倫理實在主義（ethical realism） 70, 87-88, 93, 119

倫理唯心主義（ethical idealism） 87-88, 119

埃亞（Alfred J. Ayer） 185

十 一 畫

宿命論（pre-destination） 16

問答手冊（catechism） 19

陸象山（九淵，西元1139～1193年） 40

康德（Immanuel Kant） 5, 19, 22, 35, 42, 46, 47, 50. 55, 63, 66-70, 72, 74, 76, 83-84, 103, 131, 132, 145, 160, 178, 180, 186

理性（reasom） 20, 36, 37, 48, 50, 63, 64, 65, 68, 80, 83, 89, 100-101, 123, 126, 128, 144, 146, 150, 159, 165, 171, 174, 175, 184

康投（Georg Cantor） 75

基福德演講會（Gifford Lectures） 12, 161

清教主義（Puritanism） 15, 16, 17

章因孫（Samuel Johnson） 15-16

唯物主義 (materialism) 19, 56

理想主義或唯心主義 (idealism) 11, 16, 19, 26, 30, 31, 32, 33, 38, 39, 41, 56, 59-60, 66, 70, 106, 144-145, 158, 159, 161, 163, 171, 172, 174, 175, 176, 177, 178, 180, 184, 185

理性主義 (rationalism) 32, 60, 63-64, 65, 66, 67, 72, 73, 83, 164

理想自我 (ideal self) 180

唯名主義 (nominalism) 37

笛卡兒 (Rene Descartes) 49, 52, 63, 65, 68, 125-126

萊布尼茲 (Gottfried Welheim Leibniz) 64

雪林 (Frederick Wilhelm Schelling) 70

唯我論 (solipsism) 23

唯意志論 (voluntarism) 53, 90

十 二 畫

進化論 (theory of evolution) 81, 92-93, 120

絕對 (absolute) 41, 54, 58, 81, 124, 125, 126, 127, 128, 130, 131, 136, 146, 147, 161-166, 167, 178-180, 184-185

絕對理想主義 (absolute idealism) 6, 12, 37, 48, 58, 61-62, 70, 85, 97, 140, 147, 161, 164, 166, 174, 177

絕對實有 (absolute being) 12, 37, 46-48, 50, 54, 61, 74, 124, 127, 137

絕對意志 (absolute will) 48, 133

絕對實用主義 (absolute pragmatism) 79-80, 83, 165

絕對命令 (categorical imperative) 103, 181

斯賓諾莎 (Benedict Spinoza) 5, 64

斯賓沙 (Herbert Spencer)　92-93

超驗主義 (transcendentalism)　15, 19

傑法孫 (Thomas Jeherson)　18

黑格爾 (Georg W. F. Hegel)　26, 30, 32, 50, 70, 178, 180, 182

費希德 (Johann Gottlieb Fichte)　70

斯多亞學派 (The Stoics)　89

道家　48-49

道德義務 (moral obligation)　100, 102-105, 113, 120, 146, 159,
　　186

道德重荷 (moral burden)　138-140, 141, 148, 149, 155, 159, 160

善 (good)　12, 28, 33, 38, 53, 88, 90, 102, 103, 104, 106, 108-115,
　　121, 136, 137, 171, 175

猶太基督教 (Judeo-Christian)　36, 40, 117

惡 (evil)　12, 28, 53, 88, 90, 103, 123, 132, 137-143, 159, 160, 171

十 三 畫

詹姆士 (William James)　4, 5-6, 7, 8, 11, 24-27, 29, 30, 31, 79,
　　80, 101, 115, 130, 150, 161-166, 174, 177, 179, 184

概念 (idea)　21-22, 38, 40, 44, 46, 49-54, 58-59, 60, 61, 62, 63,
　　64, 66, 69, 72, 79, 83, 126, 148-149, 178-180

愛德華 (Jonathan Edwards)　16, 20

經驗主義 (empiricism)　16, 40, 41, 63, 64, 65-67, 72, 73, 83,
　　164, 174

經驗自我 (empirical self)　52, 99, 180

感覺主義 (sensationalism)　65

聖托馬斯 (St. Thomas Aquinas) 36, 42

聖保羅 (St. Paul) 40, 138-139, 149-150, 155

奧佛德教授職位 (Alfred Professorship) 7

十 四 畫

賓旦姆 (Jeremy Bentham) 92

十 五 畫

實在主義 (realism) 12, 29, 33, 37-39, 42, 43, 44, 48, 58-59, 60,
71, 130, 144-145, 178

實有 (being) 12, 35, 37-49, 51, 58-62, 71, 100, 125, 130, 145

實用主義 (pragmatism) 20, 21-27, 29, 31, 33-34, 79, 80, 84, 85,
115, 144-145, 161, 164, 166, 167, 177, 178, 184

德德肯 (Richard Dedekind) 75, 80, 82

樂利主義 (utilitarianism) 92, 93, 120

十 六 畫

霍金 (William E. Hocking) 8, 173-178

錯誤 (error) 46, 47, 77, 125, 171

十 九 畫

懷特海 (Alfred N. Whitehead) 32-34

懷疑主義 (skepticism) 46, 51, 67, 88, 94, 95, 120, 165

羅素 (Bertrand A. W. Russell) 32

羅恩貝克 (Jacob Loewenberg) 175

二 十 畫

闡釋理論 (theory of interpretation)　71-77, 78, 84, 98, 158,
　160, 168, 169, 174, 177, 178, 181-182

蘇格拉底 (Socrates)　88, 89

二十二畫

贖罪 (atonement)　138, 140-143, 148, 149, 155, 159, 160

二十三畫

邏輯自我 (logical self)　99, 180

邏輯實證主義 (logical empiricism)　184

二、西文人名名詞及漢譯（按字母排列）：

A

absolute　絕對

absolute idealism　絕對理想主義

absolute being　絕對實有

absolute will　絕對意志

absolute pragmatism　絕對實用主義

Alfred Professorship　奧佛德教授職位

Aquinas, St. Thomas（西元1225～1274年）　聖托馬斯

agnosticism　不可知主義

Aristotle（西元前384～322年） 亞里斯多德

altruism 利他主義

autonomy of the will 自律意志

atonement 贖罪

analytical philosophy 分析哲學

Ayer, Alfred J （西元1910～） 埃亞

B

being 實有

beauty 美

Berkeley, George（西元1685～1753年） 柏克萊

Butler, Joseph（西元1692～1752年） 巴特力

Bentham, Jeremy（西元1748～1832年） 賓旦姆

Browning, Elizabeth Barreff（西元1808～1861年） 勃朗
寧夫人

C

community 共合體

critical rationalism 批判理性主義

Calvin, John（西元1509～1564年） 加爾文

Calvinism 加爾文主義

Colden, Cadwallader（西元1688～1776年） 可爾登

catechism 問答手冊

Cantor, Georg（西元1845～1918年）康投

categorical imperative 絕對命令

D

Dewey, John（西元1859～1952年）　杜威

Descartes, Rene（西元1596～1650年）　笛卡兒

dualism　二元論

Dedekind, Richard（西元1851～1916年）　德德肯

E

Edwards, Jonathan（西元1703～1758年）　愛德華

empiricism　經驗主義

Emerson, Ralph Waldo（西元1803～1882年）　恩默孫

eclecticism　折衷主義

external meaning　外在意義

empirical self　經驗自我

Euclid（西元前約三百年）　幽克里得

error　錯誤

ethical realism　倫理實在主義

ethical idealism　倫理唯心主義

egoism　自我主義

evolution, theory of　進化論

evil　惡

existentialism　存在主義

F

faith　信仰

freewill 自由意志

Fichte, Johann Gottlieb（西元1762～1818年） 費希德

G

Gilman, David C.（1831～1908） 革爾曼

Gifford Lectures 基福德演講會

God 上帝

good 善

H

Head, Katherine 海德（魯一士夫人）

Hocking, William Ernest（西元1873～1966年） 霍金

Hegel, Georg W. F.（西元1770～1831年） 黑格爾

Hume, David（西元1711～1776年） 休謨

humanism 人本主義

I

Ingersoll Lecture 伊格所演講會

idealism 理想主義

ideal self 理想自我

instrumentalism 工具主義

internal meaning 內在意義

idea 概念

immortality 永生

interpretation, theory of 闡釋理論

individualism　個人主義

J

James, William（西元1842～1910年）　詹姆士

Johnson, Samuel（西元1696～1772年）　章因孫

Jefferson, Thomas（西元1743～1826年）　傑法孫

Judeo-Christian　猶太基督教

Jesus Christ　耶穌基督

K

Kant, Immanuel（西元1724～1804年）　康德

L

Lotze, Rudolf Hermann（西元1817～1881年）　洛子

Lincoln, Abraham（西元1809～1865年）　林肯

Lowell Institute　洛委研究所

Locke, John（西元1632～1704年）　洛克

Leibniz, Gottfried Welheim（西元1646～1716 年）　萊布
尼茲

logical self　邏輯自我

logical empiricism　邏輯實證主義

loyalty, loyalty for loyalty　忠，爲忠而忠

Loewenberg, Jacob（西元1882～1969年）　羅恩貝克

M

Mill, John Stuart（西元1806～1873年）　米爾

mind　心靈

matter　物質

materialism　唯物主義

meliorism　社會向善論

Marcel, Gabriel（西元1889～1973年）　馬賽爾

monism　一元論

moral burden　道德重荷

moral obligation　道德義務

mysticism　神祕主義

N

Newton, Sir Issac（西元1642～1727年）　牛頓

Nietzsche, Friedrich（西元1844～1900年）　尼采

naturalism　自然主義

nominalism　唯名主義

O

ontology　本體論

P

Paul, St.（d. 67?）　聖保羅

Plato（西元前427～347年）　柏拉圖

Plotinus（西元205～270年）　柏羅丁那斯

Peirce, Charles（西元1839～1914年）　朴爾士

pluralism　多元論

pragmatism　實用主義

pre-destination　宿命論

Puritanism　清教主義

R

rationalism　理性主義

reason　理性

realism　實在主義

relativism　相對主義

Royce, Josiah（西元1855~1916年）　魯一士

Russell, Bertrand A. W.（西元1872~1970年）　羅素

S

Santayana, George（西元1863~1952年）　山他雅那

Schopenhauer, Arthur（西元1788~1860年）　叔本華

Schelling, Frederick Wilhelm（西元1795~1854年）　雪林

self　自我

self-realization　自我實現

sensationalism　感覺主義

skepticism　懷疑主義

Smith, John E.（西元1921~）　史密斯

Socrates（西元前470~399年）　蘇格拉底

solipsism　唯我論

space　空間

Spencer, Herbert（西元1820～1903年） 斯賓沙

Spinoza, Benedict（西元1632～1677年） 斯賓諾莎

The Stoics（西元前三世紀） 斯多亞學派

T

time 時間

transcendentalism 超驗主義

V

voluntarism 唯意志論

W

world 世界

書　　　　名	作　　者	出版狀況
珀　　爾　　斯	朱　建　民	撰　稿　中
詹　　姆　　斯	朱　建　民	撰　稿　中
杜　　　　威	李　常　井	撰　稿　中
蒯　　　　英	陳　　　波	撰　稿　中
帕　　特　　南	張　尚　水	撰　稿　中
庫　　　　恩	吳　以　義	撰　稿　中
拉　卡　托　斯	胡　新　和	撰　稿　中
洛　　爾　　斯	石　元　康	已　出　版
諾　　錫　　克	石　元　康	撰　稿　中
羅　　　　蒂	范　　　進	撰　稿　中
馬　克　弗　森	許　國　賢	排　印　中
希　　　　克	劉　若　韶	撰　稿　中
尼　　布　　爾	卓　新　平	已　出　版
馬　丁・布　伯	張　賢　勇	撰　稿　中
蒂　　里　　希	何　光　滬	撰　稿　中
德　　日　　進	陳　澤　民	撰　稿　中
朋　諤　斐　爾	卓　新　平	撰　稿　中

世界哲學家叢書(七)

書　　　　名	作　　者	出　版　狀　況
廸彭・露梅	成濟岑	撰　稿　中
塞都爾阿	徐崇溫	撰　稿　中
納維列	葉秀山	撰　稿　中
達希德	張正平	撰　稿　中
爾格呂	沈清松	撰　稿　中
科富	于奇智	撰　稿　中
齊羅克	劉綱紀	撰　稿　中
雷德拉布	張家龍	撰　稿　中
黑德懷	陳奎德	撰　稿　中
爾玻	戈革	已　出　版
普納卡	林正弘	撰　稿　中
柏巴爾卡	莊文瑞	撰　稿　中
烏靈柯	陳明福	撰　稿　中
素羅	陳奇偉	撰　稿　中
爾穆	楊樹同	撰　稿　中
格雷弗	趙汀陽	撰　稿　中
克里石	韓林合	撰　稿　中
坦斯根維	范光棣	撰　稿　中
爾耶愛	張家龍	撰　稿　中
爾賴	劉建榮	撰　稿　中
丁斯奧	劉福增	已　出　版
生陶史	謝仲明	撰　稿　中
爾赫	馮耀明	撰　稿　中
特費爾帕	戴華	撰　稿　中
士一魯	黃秀璣	已　出　版

書　　　　名	作　　　者	出版狀況
馬　　克　　思	洪　鎌　德	撰　稿　中
普　列　哈　諾　夫	武　雅　琴	撰　稿　中
約　翰　彌　爾	張　明　貴	已　出　版
狄　　爾　　泰	張　旺　山	已　出　版
弗　洛　依　德	陳　小　文	撰　稿　中
史　賓　格　勒	商　戈　令	已　出　版
布　倫　坦　諾	李　　　河	撰　稿　中
韋　　　　　伯	陳　忠　信	撰　稿　中
卡　　西　　勒	江　日　新	撰　稿　中
雅　斯　培	黃　　藿	已　出　版
胡　　塞　　爾	蔡　美　麗	已　出　版
馬克斯・謝勒	江　日　新	已　出　版
海　德　格	項　退　結	已　出　版
漢　娜　鄂　蘭	蔡　英　文	撰　稿　中
盧　　卡　　契	謝　勝　義	撰　稿　中
阿　多　爾　諾	章　國　鋒	撰　稿　中
馬　爾　庫　斯	鄭　　湧	撰　稿　中
弗　洛　姆	姚　介　厚	撰　稿　中
哈　伯　馬　斯	李　英　明	已　出　版
榮　　　　　格	劉　耀　中	撰　稿　中
柏　格　森	尚　新　建	撰　稿　中
皮　　亞　　杰	杜　麗　燕	撰　稿　中
別　爾　嘉　耶　夫	雷　永　生	撰　稿　中
馬　利　丹	楊　世　雄	撰　稿　中
馬　賽　爾	陸　達　誠	已　出　版

世界哲學家叢書 (五)

書　　　名	作　　者	出　版　狀　況
聖　多　瑪　斯	黃　美　貞	撰　稿　中
笛　　卡　　兒	孫　振　青	已　出　版
蒙　　　　田	郭　宏　安	撰　稿　中
斯　賓　諾　莎	洪　漢　鼎	已　出　版
萊　布　尼　茲	陳　修　齋	撰　稿　中
培　　　　根	余　麗　嫦	撰　稿　中
霍　　布　　斯	余　麗　嫦	撰　稿　中
洛　　　　克	謝　啟　武	撰　稿　中
巴　克　萊	蔡　信　安	已　出　版
休　　　　謨	李　瑞　全	已　出　版
托馬斯・鋭德	倪　培　林	撰　稿　中
伏　　爾　　泰	李　鳳　鳴	撰　稿　中
孟　德　斯　鳩	侯　鴻　勳	排　印　中
盧　　　　梭	江　金　太	撰　稿　中
帕　　斯　　卡	吳　國　盛	撰　稿　中
達　　爾　　文	王　道　遠	撰　稿　中
康　　　　德	關　子　尹	撰　稿　中
費　　希　　特	洪　漢　鼎	撰　稿　中
謝　　　　林	鄧　安　慶	撰　稿　中
黑　　格　　爾	徐　文　瑞	撰　稿　中
祁　　克　　果	陳　俊　輝	已　出　版
彭　　加　　勒	李　醒　民	排　印　中
馬　　　　赫	李　醒　民	撰　稿　中
費　爾　巴　哈	周　文　彬	撰　稿　中
恩　　格　　斯	金　隆　德	撰　稿　中

世界哲學家叢書(四)

書　　　　名	作　　者	出 版 狀 況
空　　　　　海	魏　常　海	撰　稿　中
道　　　　　元	傅　偉　勳	撰　稿　中
伊　藤　仁　齋	田　原　剛	撰　稿　中
山　鹿　素　行	劉　梅　琴	已　出　版
山　崎　闇　齋	岡　田　武　彥	已　出　版
三　宅　尙　齋	海老田輝巳	排　印　中
中　江　藤　樹	木　村　光　德	撰　稿　中
貝　原　益　軒	岡　田　武　彥	已　出　版
荻　生　徂　徠	劉　梅　琴	撰　稿　中
安　藤　昌　益	王　守　華	撰　稿　中
富　永　仲　基	陶　德　民	撰　稿　中
石　田　梅　岩	李　甦　平	撰　稿　中
楠　本　端　山	岡　田　武　彥	已　出　版
吉　田　松　陰	山　口　宗　之	已　出　版
福　澤　諭　吉	卞　崇　道	撰　稿　中
岡　倉　天　心	魏　常　海	撰　稿　中
中　江　兆　民	華　小　輝	撰　稿　中
西　田　幾　多　郎	廖　仁　義	撰　稿　中
和　辻　哲　郎	王　中　田	撰　稿　中
三　　木　　清	卞　崇　道	撰　稿　中
柳　田　謙　十　郎	趙　乃　章	撰　稿　中
柏　　拉　　圖	傅　佩　榮	撰　稿　中
亞　里　斯　多　德	曾　仰　如	已　出　版
聖　奧　古　斯　丁	黃　維　潤	撰　稿　中
伊本・赫勒敦	馬　小　鶴	已　出　版

世界哲學家叢書 (三)

書　　　　名	作　　者	出　版　狀　況
袾　　　　宏	于　君　方	撰　稿　中
憨山德清	江　燦　騰	撰　稿　中
智　　　　旭	熊　　琬	撰　稿　中
章　太　炎	姜　義　華	已　出　版
熊　十　力	景　海　峰	已　出　版
梁　漱　溟	王　宗　昱	已　出　版
金　岳　霖	胡　　軍	已　出　版
張　東　蓀	胡　偉　希	撰　稿　中
馮　友　蘭	殷　　鼎	已　出　版
唐　君　毅	劉　國　強	撰　稿　中
賀　　　　麟	張　學　智	已　出　版
龍　　　　樹	萬　金　川	撰　稿　中
無　　　　著	林　鎮　國	撰　稿　中
世　　　　親	釋　依　昱	撰　稿　中
商　羯　羅	黃　心　川	撰　稿　中
維韋卡南達	馬　小　鶴	撰　稿　中
泰　戈　爾	宮　　靜	已　出　版
奧羅賓多・高士	朱　明　忠	撰　稿　中
甘　　　　地	馬　小　鶴	已　出　版
拉達克里希南	宮　　靜	撰　稿　中
元　　　　曉	李　箕　永	撰　稿　中
休　　　　靜	金　煐　泰	撰　稿　中
知　　　　訥	韓　基　斗	撰　稿　中
李　栗　谷	宋　錫　球	排　印　中
李　退　溪	尹　絲　淳	撰　稿　中

世界哲學家叢書(二)

書　　　　名	作　　者	出版狀況
李　卓　吾	劉　季　倫	撰　稿　中
方　以　智	劉　君　燦	已　出　版
朱　舜　水	李　甦　平	已　出　版
王　船　山	張　立　文	撰　稿　中
眞　德　秀	朱　榮　貴	撰　稿　中
劉　蕺　山	張　永　儁	撰　稿　中
黃　宗　羲	吳　　光	撰　稿　中
顧　炎　武	葛　榮　晉	撰　稿　中
顏　　元	楊　慧　傑	撰　稿　中
戴　　震	張　立　文	已　出　版
竺　道　生	陳　沛　然	已　出　版
眞　　諦	孫　富　支	撰　稿　中
慧　　遠	區　結　成	已　出　版
僧　　肇	李　潤　生	已　出　版
智　　顗	霍　韜　晦	撰　稿　中
吉　　藏	楊　惠　南	已　出　版
玄　　奘	馬　少　雄	撰　稿　中
法　　藏	方　立　天	已　出　版
惠　　能	楊　惠　南	已　出　版
澄　　觀	方　立　天	撰　稿　中
宗　　密	冉　雲　華	已　出　版
永　明　延　壽	冉　雲　華	撰　稿　中
湛　　然	賴　永　海	已　出　版
知　　禮	釋　慧　嶽	排　印　中
大　慧　宗　杲	林　義　正	撰　稿　中

世界哲學家叢書（一）

書　　　　名	作　　　者	出版狀況
孟　　　　子	黃　俊　傑	已　出　版
荀　　　　子	趙　士　林	撰　稿　中
老　　　　子	劉　笑　敢	撰　稿　中
莊　　　　子	吳　光　明	已　出　版
墨　　　　子	王　讚　源	撰　稿　中
淮　南　　子	李　　　增	已　出　版
賈　　　　誼	沈　秋　雄	撰　稿　中
董　仲　　舒	韋　政　通	已　出　版
揚　　　　雄	陳　福　濱	已　出　版
王　　　　充	林　麗　雪	已　出　版
王　　　　弼	林　麗　眞	已　出　版
阮　　　　籍	辛　　　旗	撰　稿　中
嵇　　　　康	莊　萬　壽	撰　稿　中
劉　　　　勰	劉　綱　紀	已　出　版
周　敦　　頤	陳　郁　夫	已　出　版
邵　　　　雍	趙　玲　玲	撰　稿　中
張　　　　載	黃　秀　璣	已　出　版
李　　　　覯	謝　善　元	已　出　版
王　安　　石	王　明　蓀	撰　稿　中
程顥、程　頤	李　日　章	已　出　版
朱　　　　熹	陳　榮　捷	已　出　版
陸　象　　山	曾　春　海	已　出　版
陳　白　　沙	姜　允　明	撰　稿　中
王　廷　　相	葛　榮　晉	已　出　版
王　陽　　明	秦　家　懿	已　出　版